PFLEGELEICHTER
GARTEN
Viel Garten in wenig Zeit

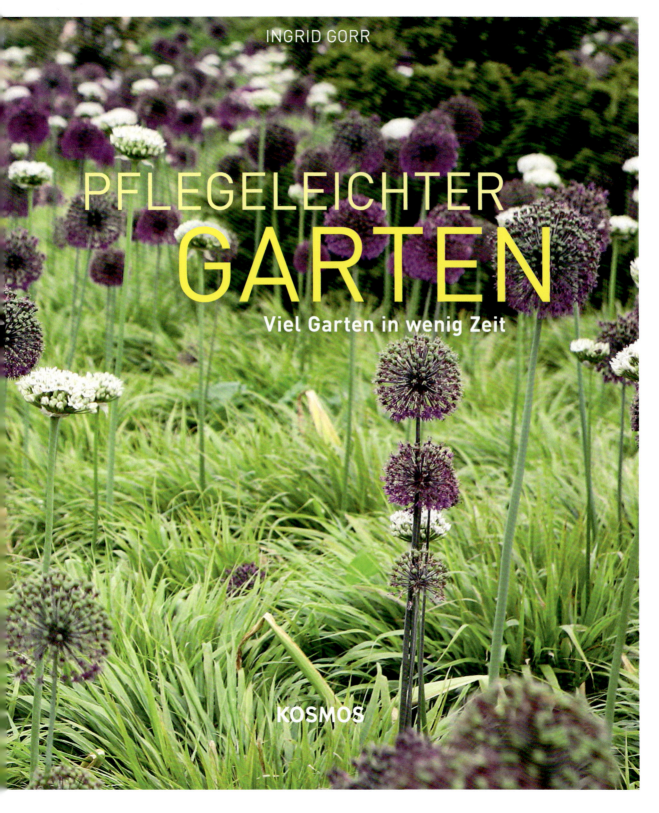

INGRID GORR

PFLEGELEICHTER GARTEN

Viel Garten in wenig Zeit

KOSMOS

PLANUNG
Ideen für den Garten

Grünes Glück 9
Haus und Garten in Beziehung 10
Wege und Flächen 13
Privatsphäre durch Sichtschutz 14

EIN GARTEN VOLLER MÖGLICHKEITEN
Bewegung, Romantik, Ruhe, Kinderspiele

Bewegung und Spiel für alle 21
Zum Entspannen 23
Wasser im Garten 29
Der Sammlergarten 31
Garten für Romantiker 32

AUF DEN GRUND GEHEN
Boden, Kompost und Bewässerung

Boden und Klima 37
Bodenpflege und Kompost 41
Der Garten braucht Wasser 44
Schädlinge und Nützlinge 46
Welches Werkzeug ist wichtig? 51

PFLANZEN AUSSUCHEN
Aus der Fülle das Richtige finden

Was wächst da im Garten? 54
Sommerblumen 56
Stauden: Kleine Einführung 59
Stauden-Vielfalt 60
Dem Himmel entgegen: Kletterer 70
Kletterpflanzen im Überblick 72
Hortensien-Rausch 75
Gehölze mit Laub und Nadeln 78
Zwiebelblumen-Zauber 85
Zwiebelblumen auf einen Blick 86
Rosenleidenschaft 89
Gräser und Farne 92

MIT DEM GARTEN ÄLTER WERDEN
Weniger Arbeit mit bleibender Freude

Langes Gärtnerglück 99
Weniger ist mehr 100
Nützliche Veränderungen und Hilfsmittel 107

THEMENGÄRTEN
Leidenschaften im Garten leben

Von der Prärie gelernt 111
Im Trockenen: Das Kiesbeet 112
Blaumachen! 115
Rot-Gelbes Feuerwerk 116
Frisches Grün im Schatten 120

Service 122
Register 124

PLANUNG
Ideen für den Garten

(1) Schnirkelschnecken sind hübsch anzusehen und richten im Garten kaum Schaden an.

(2) Die Blaudolde ist einjährig und blüht beeindruckend in kleinen, hellblauen Halbkugeln.

(3) Pflegeleicht: Sommerbepflanzung mit Stockrosen und Malven

Ideen für den Garten

PLANUNG

GRÜNES GLÜCK

WER EIN HAUS GEERBT ODER GEBAUT HAT,
bekommt meist auch einen Garten oder Gartenanteil. Aber wie kommt man nun zu seinem grünen, pflegeleichten Glück? Das kann häufig sehr unterschiedlich sein. Die Kinder wollen Platz zum Toben haben und können es kaum erwarten. Vielleicht träumen die zukünftigen Gartenbesitzer von einem Kräuterbeet, einer blühenden Rabatte oder schwärmen gar von englischen Duftrosen?

PFLEGELEICHT HEISST: KLUG ARBEIT SPAREN
Bei der Planung des Gartens steht die Befürchtung, dass die Arbeit zu viel werden könnte, oft im Vordergrund. Das Grün soll zur Entspannung dienen. Niemand möchte sich an jedem Wochenende ausschließlich mit Rasenmähen und Sprengen beschäftigen. Doch die Sorge ist unbegründet: Sträucher, die keinen Schnitt brauchen, Stauden, die blühfreudig und robust sind sowie lange zieren, gibt es genügend.
Doch wie viel Zeit kann man investieren? Ist Privatsphäre gewünscht oder kann man auf Sichtschutz verzichten? Ist die Familie in den Sommermonaten länger verreist? Gibt es Haustiere, die das Grün als Auslauf nutzen? Sind Lieblingssträucher oder Pflanzen auf der Liste, die man schon immer haben wollte oder vom vorherigen Garten mitgezogen sind?
Wie macht man nun aus einem Rasenstück vor der Terrasse ein abwechslungsreiches Beet oder wo können die Lieblingskräuter hin ohne lange Wege zurückzulegen?

GARTENFREUDE WÄCHST ZUVERLÄSSIG NACH
Sie erwacht bei der Beschäftigung. Wie man mit überschaubarem Aufwand zu einem guten Ergebnis kommt, erfahren Sie auf den nächsten Seiten. Ein Garten, der sich leicht pflegen lässt und ohne große Mühe viel Freude macht, darum geht es hier!

TIPP: ARBEIT UND SPASS TEILEN
Mietshäuser in Innenstädten verfügen oft über einen gemeinschaftlich genutzten Garten im Hof. Die Gartenfreude- und arbeit können sich die Nachbarn teilen. Ein Innenstadthof verwandelt sich so zur grünen Oase!

> **WAS HEISST PFLEGELEICHT?**
>
> In den folgenden Kapiteln werden nur Pflanzen vorgestellt, die bestimmte Eigenschaften mitbringen müssen: robust, zuverlässig im Wachstum, möglichst ohne Pflanzenschutzmittel auskommen und unterschiedliche Wetterlagen problemlos wegstecken. Die vorgestellten Pflanzen sind für die beschriebenen Standorte geeignet, wachsen und gedeihen aber auch an weniger idealen Plätzen. Gartenwürdig und empfohlen wurden sie auch wegen der Blüte, des interessanten Wuchses oder ihres Duftes. Bei Gehölzen liegt der Schwerpunkt auf nicht wuchernden, zierenden Arten, die mit wenig Schnitt auskommen, wenig oder keine Anfälligkeit für Krankheiten zeigen.

PLANUNG Ideen für den Garten

HAUS UND GARTEN IN BEZIEHUNG

DRINNEN UND DRAUSSEN KOMBINIEREN
Ein Garten steht immer in direktem Bezug zu den Gebäuden in seiner Umgebung. Bei der Neugestaltung des Grundstücks oder Übernahme eines eingewachsenen Gartens bietet sich die Gelegenheit, das Grün pflegeleicht zu gestalten.

EINE NÜCHTERNE BEBAUUNG MILDERN
Auf die moderne Kühle eines Würfelhauses mit bodentiefen Fenstern antwortet der Garten vielleicht mit Gräsern, Bambus, großen Findlingen sowie interessanten Blattschmuckstauden. Große Gräser wie Riesen-Chinaschilf und Riesen-Federgras brechen die Strenge auf und unterstreichen mit ihrer heiteren Textur den Erholungswert der Gartenanlage. Solch eine Gartenanlage wirkt modern und ist für berufstätige Menschen wegen der pflegeleichten Pflanzengattungen gut zu bewältigen.

ROMANTISCHE GEFÜHLE
Ein frei stehendes Haus, dessen Fassade mit Stuck verziert ist, kann durch die Anlage von formalen Beeten wirkungsvoll in Szene gesetzt werden. Es genügt, mit einigen formgeschnittenen Immergrünen wie Buchs oder Eibe auf den Stil des Hauses zu antworten. Ein Rondell, das mit Katzenminze, Lavendel sowie Blau-Schwingel bepflanzt und mit Buchs eingefasst wurde, sorgt für ein barockes Gartengefühl.
Im Hintergrund, vor einer in Form geschnittenen Eibenhecke *(Taxus)* können Funkien *(Hosta)* gruppiert werden, die mit ihrem Blattschmuck für eine edle, ruhige Kulisse sorgen.

KLEINE GÄRTEN
Ein Reihenhausgarten bezieht sich besonders auf das Haus, da die Grundstücke meist klein sind. Optische Weite erzielt man durch die Fortsetzung des Wohnbereichs bis in den Garten hinein. Wählt man einen Bodenbelag der innen und außen verlegt werden kann, dehnt sich das Wohnzimmer optisch bis in den Garten. Es muss nicht immer Thuja für den gewünschten Sichtschutz sein, Liguster ist nur in sehr harten Wintern blattlos. Kombiniert man ihn mit einem Spindelstrauch *(Euonymus fortunei* 'Emerald'n Gold'), ist ein blickdichter Sichtschutz gewährleistet. Liguster und Kriechspindel müssen nur ab und zu geschnitten werden und sind problemlos. Gruppiert man den Schirmbambus 'Simba' *(Fargesia murielae)* hinzu, dann ergibt sich eine Art Atriumgarten, der trotz des eher knappen Platzangebotes Privatsphäre möglich macht.

FARBEN UND MATERIALIEN WIEDERHOLEN
Ruhig und ausgewogen wirken Haus und Garten, wenn sich Abstände oder Größenverhältnisse des Gebäudes draußen wiederholen. Eine Pergola kann die Maße der Fenster oder die Farbe der Fensterrahmen aufnehmen. Die geschickte Auswahl der im Garten verbauten Materialien trägt zur gelungenen Gesamtkonzeption bei. Wurden Klinker an der Fassade verwandt, machen sich diese gut als Bodenbelag. Sie passen beinahe in jedes Gartenkonzept. Kombiniert man sie mit vorhandenen Natursteinen oder Betonplatten, wirkt die Anlage lebhaft, ohne Unruhe zu erzeugen.

(1) Ein freundlicher Empfang
Immergrüne Hecken und Holzelemente wechseln sich ab. Besonders harmonisch wirkt die Wiederholung der Farben an der Hausfassade.

(2) Haus und Garten beziehen sich in Material- und Farbenwahl aufeinander. Durch die Blütenfülle in Weiß wirkt die Zaunanlage heiter.

(3) Edel präsentieren sich Haus und Garten. Die Einfassung der Terrasse wird mit formgeschnittenem Buchs betont. Es wurde dieselbe Farbe für Teile der Fassade sowie den Bodenbelag gewählt.

(4) Romantisch Ein Rondell mit Katzenminze und Buchs

(1) Die Betonplatten harmonieren mit den sie einfassenden Pflastersteinen in den verschiedenen Größen. Als gestalterisches Element lassen sich Rundungen mit Pflastersteinen einbauen.

(2) Mit einer Reihe Pflastersteine wird der Rasen deutlich von der Wegefläche getrennt, auch hier wirkt die Mischung der Materialien belebend.

(3) Mosaikpflaster ermöglicht fachmännisch verlegt eine genaue Anpassung an Betonpalisaden. Die Pflastersteine werden geteilt und an Rundungen herangearbeitet.

PLANUNG

Ideen für den Garten

WEGE UND FLÄCHEN

WEGE UND SITZPLÄTZE FESTLEGEN Bei einem neu bebauten Grundstück hat man freie Gestaltungsmöglichkeit. Die Zufahrt zum Carport, Plätze für die Mülltonnen und die Fahrräder: Wer zur Mülltonne oder zum Kompostplatz geht oder das Fahrrad wegstellt, möchte nicht in den weichen Rasen oder feuchte Erde einsinken. Übernimmt man einen eingewachsenen Garten, sind Wege und Terrassen meist schon vorhanden.

WEGE PLANEN

Soll von der Terrasse ein Weg in den Garten führen? Wo wärmt die Sonne noch am späten Abend und bietet sich dort daher ein Sitzplatz an? Vielleicht soll der Sitzplatz an einen ruhigen Ort in der Nähe der Küche gelegt werden; und in der Nähe der Terrasse Küchenkräuter zu haben, finden Sie praktisch?
Nachdem die Entscheidung gefallen ist, welche Flächen befestigt werden müssen, ist der Belag auszuwählen. Von Klein- oder Mosaikpflastern und großformatigen Natursteinplatten bis hin zu farbigen Betonsteinen, stehen viele Größen und Formen zur Verfügung. Betonsteine sind pflegeleichter und kostengünstiger als Natursteine, die Wirkung ist daher sehr unterschiedlich.

TREPPENANLAGEN UND MAUERN PRÄGEN EIN GRUNDSTÜCK

Mit der Entscheidung für Form und Größe der Bodenbeläge und Stufenplatten erhält der Garten eine unverwechselbare Ausstrahlung. Der Handel bietet spezielle Treppenelemente, Winkelstufen und Podestplatten an. Werden die am Haus verwandten Farben und Materialien wiederholt, wirken Garten und Gebäude harmonisch. Die Bepflanzung der Beete in das Farbkonzept einzubinden, setzt einen interessanten Akzent, der jahreszeitlich anders sein kann.

PFLEGLEICHT HEISST: NICHT AM FALSCHEN ENDE SPAREN

Mit sehr günstigen Angeboten für Steinarbeiten tut man sich meist keinen Gefallen, der Ärger kann unter Umständen mit Verzögerung eintreten: Nach einem harten Winter werfen sich die Beläge auf oder sacken ab, weil weder Unterbau noch Material fachgerecht verarbeitet wurden. Ausreichende Gewährleistung bieten eingeführte Fachfirmen. Gartenwege sollten auf viele Jahre das Gerüst des Gartens bilden, Frost und Tauwetter schadlos überstehen.

HANGLAGEN

In Hanglagen legt der Gärtner im pflegeleichten Garten Terrassen an und strukturiert somit sein Grün. Jede Ebene kann unterschiedlich gestaltet werden, Treppenstufen verbinden die Plateaus. Stützmauern können auch als Trockenmauern ausgebildet werden. Mauerpfeffer, Thymian, Glockenblumen, Woll-Ziest, Blau-Schwingel oder weißes Hornkraut kommen mit natürlichen Niederschlägen aus. Zudem finden Tiere Unterschlupf in den Hohlräumen, der Garten wird lebendiger.

PLANUNG Ideen für den Garten

PRIVATSPHÄRE DURCH SICHTSCHUTZ

JEDER GARTEN BRAUCHT UNGESTÖRTE BEREICHE ZUM ENTSPANNEN! Wer an Garten denkt, meint auch Rückzug, Privatsphäre und Entspannung in der Natur. Jeder Sitzplatz, ob auf der Terrasse oder auf dem Rasen, braucht eine nicht einsehbare Ecke zum Ausruhen, Träumen und Ausspannen. Sich einen unbeobachteten Platz zu schaffen, das kann auch auf einem kleinen Grundstück ohne großen Aufwand gelingen.

HECKEN: LAUB ABWERFEND ...
Eine Hecke aus Laub abwerfenden Gehölzen wie Liguster, Hainbuche oder Hartriegel lässt noch im zeitigen Frühling die Sonne aufs Grundstück. Schneeglöckchen, Winterlinge und Blausternchen setzen erste Farbtupfer, die Zwiebeln hat man im Herbst schon in den Boden gelegt. Sichtschutz, den eine belaubte Hecke ab dem späten Frühling bietet, wird erst gebraucht, wenn die Nachbargärten ebenfalls belebt sind. Laub abwerfende Hecken produzieren Laub. Tipp: Laub kann kompostiert werden (kein Walnusslaub und keines vom Wilden Wein). Andernfalls füllt man das Laub in Säcke und bringt es zur Deponie oder lässt sie am Straßenrand stehen. Die Regelungen zur Abholung sind in den Kommunen unterschiedlich.

... ODER IMMERGRÜN
Immergrüne bieten auch im Winter Sichtschutz und Abgrenzung. Eine Palette robuster Pflanzen steht hier zur Verfügung. Nachteil: Immergrüne werfen ganzjährig Schatten. Hecken aus Thuja, Eibe *(Taxus baccata)* oder Scheinzypresse *(Chamaecyparis lawsoniana)* bieten sich als Hintergrund für eine Rabatte mit Stauden sowie zur Ergänzung einer Pergola an. Bambus, wie *Fargesia*, eignet sich ebenfalls sehr gut als Sichtschutz. Er wächst sehr dicht und gedeiht prächtig im Halbschatten. Die pflegeleichten Sorten 'Simba' und 'Asian Wonder' eignen sich auch gut für kleine Gärten.

... EINE UNSCHLAGBARE KOMBINATION
Eine robuste Thujahecke *(Thuja occidentalis)* wird durch Blütengehölze aufgelockert. Thuja schützt vor Blicken und vor kühlen Winden, was bei Neubausiedlungen sehr wichtig sein kann. Gemischte Hecken mit blühenden Gehölzen und Immergrünen wirken heiterer und nicht so streng. Liguster *(Ligustrum vulgare)* ist ebenfalls sehr robust und bleibt in milden Wintern grün. Nur in sehr frostigen Zeiten wirft er Laub ab. Als Beispiel für eine lockere, dekorative Gruppe, die keinen oder wenig Schnitt braucht, empfehlen sich der panaschierte, weißbunte Hartriegel *(Cornus alba* 'Kesselringii'*)* in Kombination mit dem dunkelroten Fächer-Ahorn *(Acer palmatum* 'Osakazuki'*)*, die neben- oder hintereinander platziert werden können. Eine Gelbe Säulen-Eibe *(Taxus baccata* 'Fastigiata Aureomarginata'*)* vervollständigt das Bild. Sie gibt auch im Winter Struktur, passt sich gut an und sollte aufgrund ihrer Größe (bis zu 5 m) in den Hintergrund; kann durch regelmäßigen Schnitt aber auch kleiner gehalten werden.

(1) Aufgelockert und lebendig wirkt eine bunte Abgrenzung mit Gehölzen, die sich in Blatt, Blüte und Gestalt unterscheiden.

(2) Eine moderne Bank aus Gabionen wird durch die Holzauflage gemütlich. Bambus als immergrüner und frostverträglicher Sichtschutz beschützt den Sitzplatz im Garten.

(3) Immergrün mit Thuja, die in unterschiedlichen Formen- und Höhenstufen Sichtschutz bietet und als ruhiger Rahmen für das Gartenbeet dient.

PLANUNG

Ideen für den Garten

GEHÖLZE ERSETZEN DEN ZAUN

Lebhaft und abwechslungsreich wirkt eine Mischung aus hohen und niedrigen Gehölzen. Als pflegeleichte Kombination bietet sich Buchs und Felsenbirne an, auch im Winter zeigt der Garten dann Struktur.

Müssen Hunde vom Grundstück abgehalten werden, empfiehlt sich die Berberitze. Kombiniert man die Große Blut-Berberitze *(Berberis x ottawensis* 'Superba') mit der Großblättrigen Berberitze *(Berberis julianae)* oder auch mit der Gold-Berberitze *(Berberis thunbergii* 'Aurea'), die mit langen Dornen bewehrt sind, entwickeln sie sich in kurzer Zeit zu einem wirksamen Schutz.

SCHNELLER SICHTSCHUTZ

Wer nicht warten möchte, bis eine Hecke gewachsen ist, der bevorzugt einen Sichtschutz aus einem anderen Material. Weidenflechtzäune und Stellwände aus Holz bieten eine wartungsfreie Alternative. In jedem Fall wirken feste, geschlossene Abgrenzungen und Mauern kompakter, sie sollten jedoch nicht über 1,70 m hoch sein, sonst wird leicht der Eindruck einer Festung erzeugt. Auch hier ist eine Kombination oft die beste Lösung: Die Sitzecke wird mit einem Zaun aus Weidengeflecht geschützt, rechts und links daneben übernehmen Gehölze diese Funktion, wie Garten-Eibisch 'Lady Stanley', Japanischer Spierstrauch, Liguster und Buchs.

SOMMERLICH KOMBINIERT

Wer einen heiteren, sommerlichen Sichtschutz vorzieht, der ist mit folgender Gräserkombination sehr gut bedient: Riesen-Chinaschilf *(Miscanthus x giganteus)* in Gesellschaft mit hohen Stauden wie Sonnenhut im Vordergrund, bieten einen wunderbaren Sichtschutz, dem man seine Funktion nicht ansieht.

Ebenso können hohe Stauden wie Wasserdost oder Sonnenbraut mühelos eine Höhe von 1,80 m erreichen, was sie als Schutz wertvoll macht. Auch hier kann ein Beet von beiden Seiten bestückt werden, sodass die „Abgrenzung" kaum auffällt.

ABSPRACHE MIT DEN NACHBARN

Ein neu erworbenes, noch nicht bepflanztes Grundstück ist meist ungeschützt und offen. Im Haus fühlt man sich schon wohl, die Räume sind möbliert und gemütlich. Doch der Garten hat noch keine Umfriedung, keine Deckung. Möglicherweise gibt es zu einer Seite schon eine Hecke, wenn nicht, sollte man das Gespräch suchen, um sich mit den Bewohnern des angrenzenden Grundstücks zu einigen, wer wo einen Sichtschutz pflanzt.

(1) Eibenhecke statt Zaun Ein lauschiger Sitzplatz hinter einer formgeschnittenen Eibenhecke.

(2) Das rote Laub der Blut-Berberitze harmoniert sehr gut mit den rosa Blüten der Japanischen Zierkirsche. Eine Hecke, die ziert und jeden Hund abhält.

(3) Schneller Sichtschutz aus einem Holzzaun, der zusätzlich als Kulisse für eine heitere Topf- und Kübelsammlung dienen kann.

EIN GARTEN VOLLER MÖGLICHKEITEN

Bewegung, Romantik, Ruhe, Kinderspiel

(1) Gartenspaß Duftet die selbst gezogene Sonnenblume? Gärtnern macht auch schon den Kleinsten Spaß.

(2) Eigenbau Ein selbst gebauter Sandkasten wird zum Spielzentrum des Gartens, wenn er nicht zu klein bemessen ist. Aus Halbpalisaden ist er leicht zu bauen und später wieder zu entfernen.

Bewegung, Romantik, Ruhe, Kinderspiel

EIN GARTEN VOLLER MÖGLICHKEITEN

BEWEGUNG UND SPIEL FÜR ALLE

WER KLEINERE KINDER HAT, wünscht sich eine Sandkiste und ein Klettergerät im Garten. Entspannend ist, wenn sich der Nachwuchs in der Nähe der Eltern alleine beschäftigen kann. Der Spielplatz für Kleinkinder sollte gut einzusehen sein, ältere Kinder wünschen sich eher Verstecke.

KLEINE KINDER BRAUCHEN EINE SANDKISTE

Sandkisten kann man als Bausatz oder fertig montiert kaufen. Sie werden in unterschiedlichen Größen angeboten, oft sind sie eher klein. Abdeckungen werden mitgeliefert. Allerdings sollten Sie darauf achten, dass der Sand unter der Plane nicht zu lange feucht bleibt, im kühlen, nassen Sand zu spielen, macht keinen Spaß. Ein Selbstbau hat den Vorteil, dass Größe und Bauweise frei bestimmt werden können (siehe Kasten).

SPIELEN: DRAUSSEN MACHT ES MEHR SPASS

Soll eine Tischtennisplatte aufgestellt werden, empfiehlt es sich, den Platz dafür mit einem Belag zu sichern, kein Rasen hält diese Belastung aus. Tischtennisplatten lassen sich bei Gartenfesten wunderbar zum Buffet umfunktionieren oder als großen Tisch für eine froh gestimmte Gartengesellschaft nutzen. Am besten wählt man eine wetterfeste Ausführung, die im Winter zusammengeklappt im Keller oder draußen unter einer Plane gut aufgehoben ist.

KINDER LIEBEN ES ZU GÄRTNERN

Schenken Sie Ihren Kindern ein Beet, das sie selbstverantwortlich beackern können. Manche Kinder ziehen Gemüse oder Kräuter, andere Tomaten oder Blumen. Beliebt sind zudem Zauberpflanzen wie die Alraune aus Harry Potter oder Bärlauch, der auch unter dem Namen Hexenzwiebel und Zigeunerlauch geführt wird.

MACHEN SIE ES SICH (PFLEGE) LEICHT!

Einen Sandkasten zu bauen, ist einfach: Mit einer Schnur einen Kreis abstecken und innerhalb die Rasensoden abheben – der abgestochene Rasen kann auf den Kompost, umgedreht verrottet er besser –. Die Erde ca. 20 cm tief auskoffern. Den Rand mit 50 cm langen Holzpalisaden befestigen. Die Palisaden sind bestenfalls untereinander verbunden, man treibt sie 10 cm ins Erdreich, füllt das Innere mit zwei bis drei Kubikmeter Spielsand auf und schon ist das Kinderparadies fertig. Ein Spielkasten, der nie fault und wo das Wasser, mit dem die Kinder Matschkuchen backen, dem Garten zugutekommt, weil er nach unten nicht abgedichtet ist. Ein Netz hält Katzen fern, lässt den Sand aber abtrocknen. Bastler schrauben noch kleine Bretter als Sitzgelegenheit auf die Palisaden, dort lassen sich Sandkuchen gut verkaufen.
Vorteilhaft ist es, wenn die Sandkiste im lichten Schatten platziert werden kann. Sind die Kinder aus dem Sandkastenalter entwachsen, zieht man die Palisaden heraus und nimmt den Sand zur Weiterverwendung als Streugut für den Winter. Die Kuhle wird mit Gartenboden aufgefüllt und mit Rasen eingesät. Das ist wirklich einfach und schnell gemacht.

Im April und Mai entfalten die Blüten der Rhododendren eine unglaubliche Farbenpracht und Fülle. Im lichten Schatten oder windgeschützt an der Nordseite von Gebäuden gedeihen alle Arten besonders gut. Hier die panaschierte Sorte 'President Roosevelt'.

Bewegung, Romantik, Ruhe, Kinderspiel

EIN GARTEN VOLLER MÖGLICHKEITEN

ZUM ENTSPANNEN

WER INTENSIV BERUFSTÄTIG IST und einen eingewachsenen Garten übernimmt, fragt sich vielleicht, wie er all die Hecken, Rosenbeete, Rhododendren sowie die Kräuterecke pflegen soll. Hatte der Garten längere Zeit keinen Besitzer mehr, sind die Beete von Unkraut überwuchert, Brennnesseln, Giersch und Brombeeren haben das Regiment übernommen.

EINEN GUTEN PLAN HABEN

Je nach Verwilderungszustand empfiehlt es sich, eine Gartenbaufirma zurate zu ziehen. Der Fachmann wird Sträucher und Bäume bestimmen und Empfehlungen aussprechen: Was kann bleiben, was sollte lieber gerodet werden. Von Essigbäumen oder Zwergbambus sollte man sich rasch trennen, sie lassen sich gar nicht oder schwer im Zaum halten, beide erobern in kurzer Zeit viel Platz.

Wer einen neuen Garten anlegt, sollte sich überlegen, ob nicht ein automatisches Bewässerungssystem eingebaut werden kann. Sensoren und Zeitschaltuhren sorgen dafür, dass Pflanzen und Rasen gut versorgt werden.

Überschaubare, eingefasste Beete, die mit robusten Stauden bepflanzt sind (siehe ab Seite 60), halten die Pflege in einem guten Maß. Schmale Rasenstreifen sollte man vermeiden, den Mäher in unzugängliche Ecken wuchten kann schwierig sein und Nacharbeit erfordern.

LANGLEBIG, BLÜHFREUDIG, WINTERGRÜN

Sind einige Gehölze im eingewachsenen Garten gerodet worden, bieten sich panaschierte Gehölze als Ersatz an. Sie lockern einen Waldgarten angenehm auf. Azaleen prunken zudem mit kräftigen Farben und gedeihen gut im Halbschatten. Rhododendren eignen sich hervorragend als Gruppenpflanzung. Variiert man Größe und Blütezeit ein wenig, dauert die Freude noch länger. Nach einer guten Bodenvorbereitung machen Rhododendren nicht wirklich Arbeit. Eine Düngung im Herbst und ausreichende Wasserzufuhr fördern eine zuverlässige und reichliche Blüte.

STANDORTGERECHTE PFLANZUNG

Pflegeleicht und Arbeitszeit sparend wird ein Garten, wenn man Pflanzen nach ihren Standortansprüchen und dem Pflegeaufwand auswählt. Ein Gehölz, das wenig Schnitt braucht und trotzdem reich blüht, ist der Strauch-Eibisch *(Hibiscus syriacus)*. In der Jugend sollte man ihm in rauen Lagen Winterschutz geben. Ein guter bis schwach saurer Gartenboden genügt ihm, die späte Blüte ab Juli bis September macht ihn wertvoll. Es stehen schöne Blütenfarben zur Verfügung; der Strauch-Eibisch kombiniert sich gut mit Formgehölzen wie Buchs oder Eibe, vor der grünen Kulisse kommen seine Blüten besonders gut zur Geltung.

(1) Der Formschnitt an Buchs gelingt mit entsprechender Schere. Bei größeren Hecken hilft eine Schnur, um sie in Höhe und Breite gleichmäßig zu stutzen.

(2) Alte Bäume neu ergrünt Eine Rambler-Rose erklettert gerne Bäume und bedeckt sie im Juni mit einem Blütenmeer. Viele Arten verströmen einen intensiven Duft.

(3) Lieblingsfarbe Mit Lilien im Topf wird jede Gartenecke zum Hingucker! Sehr elegant in einer Farbe mit unterschiedlichen Abstufungen in Blüten und Topf.

Bewegung, Romantik, Ruhe, Kinderspiel **EIN GARTEN VOLLER MÖGLICHKEITEN**

BLUMENZWIEBELN IM RASEN

Eine Rasenfläche kann im zeitigen Frühjahr Bühne für Schneeglöckchen, Blausterne und Krokusse werden. Sie ziehen ein, bevor der erste Rasenschnitt fällig ist.

IMMERGRÜNE MIT STRUKTUR

Buchs *(Buxus sempervirens)*, Liguster und Eibe lassen sich zu Kugeln, Würfeln oder Kegeln erziehen und werden bereits formgeschnitten in Baumschulen angeboten. Lebensbaum zu einem Kugel-Hochstamm erzogen und zusammen mit Eiben-Kegel und Buchs-Würfel kombiniert, gibt dem Garten ein eigenes Gepräge. Eine gelegentliche Düngung und die Erhaltung der Form durch Schnitt, mehr ist nicht zu tun.

ALTE OBSTBÄUME ALS RANKHILFE

In älteren Gärten sieht man oft Apfel- oder Pflaumenbäume, die in die Jahre gekommen sind. Sie tragen kaum noch Früchte und eignen sich daher gut als Aufstiegshilfe für Kletterrosen (siehe auch Seite 89). Rosen empfehlen sich als ausdauernde Gartenbewohner, sind mit einer Düngergabe im zeitigen Frühjahr sowie einem gelegentlichen Schnitt zufrieden. Einmal etabliert, machen sie kaum Arbeit und blühen überreich. Achten Sie auf gesunde Sorten mit dem ADR-Siegel!

EIN TOPFGARTEN WIRKT IMMER HEITER

Einen Topfgarten zusammenzustellen, macht viel Spaß. Ist eine Pflanze abgeblüht, wird sie in den Hintergrund geschoben. In der ersten Reihe stehen die prächtigen Blühpflanzen wie Zinnien, Salvien, Margeriten oder Vanilleblumen, dazwischen Frauenmantel oder Bergenien, die mit ihrem Blattschmuck prunken. Töpfe gibt es in den unterschiedlichsten Farben, Formen und Materialien, je nach Vorliebe dominiert die Lieblingsfarbe oder eine kunterbunte Mischung. Ist der Platz eher schattig, bieten sich Funkien *(Hosta)* an, die mit ihrem ausdrucksvollen Blattschmuck die Blicke auf sich ziehen. Gesellt man ein oder zwei Lilien hinzu, wird die Wirkung noch gesteigert. Lilien brauchen Futter, auch die Funkie im Topf freut sich über eine Düngergabe.

LILIEN-TIPP

Eine besonders edle Wirkung erzeugt man mit Pflanzensammlungen. Töpfe mit Lilien, deren Blüten Ton in Ton abgestuft sind, wirken ausgesprochen elegant. Weiße Lilien, die feine Tupfen oder andersfarbige Ränder aufweisen, sind nicht zu übersehen.

Wer sich etwas Mühe machen möchte, kann die Lilien nach dem Einziehen an einen stillen Gartenplatz zur Erholung pflanzen. Der Boden dort sollte gut vorbereitet sein, aus einem Teil Humus, ein bis zwei Teilen Gartenerde sowie einem Teil Sand bestehen. Die Lilienzwiebel sollte etwa dreimal so tief liegen, wie ihr Durchmesser ist. Die Wurzeln werden ausgebreitet, das Pflanzloch mit Erde aufgefüllt, gut angedrückt und gründlich angegossen. Zeigen sich im folgenden Frühsommer die ersten Triebspitzen, hebt man die Zwiebel großzügig aus, gibt ihr eine Bühne im schönen Topf, düngt sie und erfreut sich an den beeindruckenden Blüten.

EIN GARTEN VOLLER MÖGLICHKEITEN

Bewegung, Romantik, Ruhe, Kinderspiel

DEKORATIVE PFLANZEN-GEFÄSSE

Ausrangierte Tassen oder Schüsseln eignen sich als Pflanzschalen, wenn man für einen Wasserabzug sorgt. Stellt man sie auf einem Gartentisch zur Schau, besitzt man einen dekorativen Blickfang.

Mauerpfeffer- oder Dachwurz-Sammlungen lassen sich auf diese Weise gut in Szene setzen. Diese Töpfe und Schalen brauchen nur gelegentlich gegossen werden, was sich auch vom berufstätigen Gartenfreund bewältigen lässt.

TROCKENKÜNSTLER AM RAND DER TERRASSE

Für die Randbepflanzung einer Terrasse eignen sich Trockenkünstler wie Lavendel, Heiligenkraut, Palmlilie (Yucca), Schwertlilie, Blau-Schwingel, Reitgras *(Calamagrostis)*, Perlgras *(Melica)*, Pampasgras *(Cortaderia)*, Walzen-Wolfsmilch *(Euphorbia myrsinites)*, Thymian und Fetthenne *(Sedum)*. Tulpen ergänzen diese Trockengesellschaft. Die Zwiebeln benötigen im Sommer nicht viel Feuchtigkeit und können in der Erde bleiben. Sie erholen sich gut und blühen einige Jahre üppig. Für eine naturnahe Bepflanzung eignen sich besonders früh blühende Wild-Tulpen *(Tulipa tarda, Tulipa greigii)*, die Wetterkapriolen wie einen späten Schneefall wegstecken, sich gut vermehren und somit für den pflegeleichten Garten richtig sind.

SONNENBLUMEN MACHEN GUTE LAUNE

Vor einer immergrünen Hecke oder auch einzeln in dichten Reihen gepflanzt, kommen Sonnenblumen in unterschiedlichen Höhen und Farben besonders spektakulär zur Geltung. Da macht es die Menge! 20 herrliche gelbe, braune oder kupferfarbene Blüten in imposanter Größe sind nicht zu übersehen. Die Vögel fühlen sich eingeladen und lassen sich gut aus der Nähe beobachten. Möchte man die Samen für die Winterfütterung oder für die nächste Pflanzung/Aussaat behalten, sollten die Blumengesichter mit einem Netz verhüllt werden.

Sonnenblumen brauchen ab und zu etwas flüssigen Dünger. Ein Sonntagsfrühstück mit Blick auf die Sonnenblumengruppe – ein überwältigendes Gartengefühl!

JÄHRLICH NEUE FREUDE

Wer jedes Jahr ein neues Gartenbild haben möchte, der entscheidet sich für einjährige Pflanzen. Einen eher langweiligen Maschendrahtzaun verwandelt eine Duft-Wicke *(Lathyrus odoratus)* zum Hingucker. Ebenso die Kapuzinerkresse *(Tropaeolum majus)* mit leuchtenden, essbaren Blüten in Gelb, Orange oder Rot. Beides unverwüstliche, schnelle Kletterer mit wunderschönem Blütenschmuck!

Zinnien sind auch als Schnittblume geeignet und machen mit ihren kräftigen Farbtönen gute Laune. Sie wirken am schönsten in einer größeren Gruppe oder als Beeteinfassung. Zinnien und Schmuckkörbchen können auf der Fensterbank vorgezogen und nach den Eisheiligen ausgepflanzt werden. Wunderbar zart und doch auffallend in der Wirkung ist das Schmuckkörbchen *(Cosmos bipinnatus)*. Weiß und Rosaschattierungen werden angeboten. Die einjährige Pflanze wird über 1 m hoch und wirkt am besten in der Gruppe.

(1) Ein nicht benötigtes Sieb an einer Gliederkette befestigt, wird zum Hingucker. Trockenkünstler wie Fetthenne oder Walzen-Wolfsmilch minimieren die Gießarbeit.

(2) Aufgepeppt Jeder noch so schlichte Zaun profitiert von kletternden Pflanzen, wie hier der einjährigen Duft-Wicke und Platterbse.

(1) Einfach und natürlich Ein kleiner Teich im Garten belebt und erfrischt. Kies verdeckt die Teichfolie und wirkt natürlich, die Bepflanzung ist auf das Minimum beschränkt.

(2) Mit wenig Zubehör aus dem Baumarkt lässt sich ein Mini-Teich installieren. Sie brauchen nur: ein dichtes Gefäß, Dekosteine, Pflanzkörbe, Ziegelsteine, Teichpumpe.

(3) Das Plätschern der Pumpe kann mit unterschiedlichen Düsenaufsätzen verändert werden, an heißen Sommertagen ist das Geräusch besonders belebend.

[1]

[2]

[3]

Bewegung, Romantik, Ruhe, Kinderspiel   **EIN GARTEN VOLLER MÖGLICHKEITEN**

WASSER IM GARTEN

WASSER BEREICHERT JEDE UMGEBUNG
Im pflegeleichten Garten muss man nicht auf Wasser verzichten. Ein kleiner Folienteich oder Mini-Wassergarten genügt, um das belebende Element zu genießen.

WORAUF MAN ACHTEN SOLLTE
Ein Teich sollte an der tiefsten Stelle des Grundstücks angelegt werden und am besten im lichten Schatten. Das Wasser wärmt sich dort nicht so rasch auf; die Spiegelung des Wassers lässt das Grundstück weit und großzügig wirken.
Gegen den Laubfall im Herbst hilft ein Netz. Besondere Vorsicht bei der Anlage eines kleinen Gewässers ist geboten, wenn kleine Kinder im Haus und in der Nachbarschaft leben. In jedem Fall sollte ein Schutzgitter unter der Oberfläche angebracht sein. Ein Gartenteich sollte zudem belüftet werden, damit das Wasser nicht kippt. Diese Aufgabe kann eine Pumpe erledigen, die eine kleine Fontäne betreibt. Seerosen allerdings vertragen keine Wasserbewegung!

DEKORATIVE MINI-WASSERGÄRTEN
Sehr dekorativ sind Quell- oder Sprudelsteine. Man kann sich einfach an den Wasserspielen erfreuen und muss im Sommer nichts weiter tun, als entspannt zuzuschauen. Die Pflanzenpflege entfällt! Für den pflegeleichten Garten bieten sich auch Bottiche oder Kübel an, die auf der Terrasse oder im Hintergrund platziert werden können. Als Pflanzen eignen sich beispielsweise Schwimmfarn, Wasserhyazinte, Wassersalat, Hechtkraut und Froschlöffel. Ein Pflanzsubstrat für Teichpflanzen wird in einen Pflanzkorb gefüllt, die Wasserpflanze bekommt dadurch Halt. An heißen Tagen sollten die Kübel belüftet werden, sonst riecht das Wasser schnell. Der Handel bietet verschiedene Sprudel-Belüftungen an. Oder man nutzt das Wasser zum Gießen und füllt das Becken immer wieder nach.

> **WICHTIGE PUNKTE BEIM TEICHBAU**
>
> Entlang einer Markierung wird das Profil des zukünftigen Teiches ausgehoben. Um die Wasserqualität zu erhalten, sollte eine Sumpfzone (20 cm Tiefe), eine Flachwasserzone (20 bis 60 cm) und eine Tiefwasserzone (ab 60 cm bis mindestens 90 cm oder 120 cm) angelegt werden. Das Gefälle zwischen den einzelnen Stufen darf nicht zu steil sein, das erschwert die Bepflanzung. Innerhalb des festgelegten Bereichs müssen Wurzeln und Steine entfernt sowie die Fläche nivelliert werden. Die Grundfläche sollte mit einer Schicht aus 10 cm Sand bedeckt werden, bevor ein Vlies zum Schutz der Folie eingebracht wird. Eine Kapillarsperre um den Teich verhindert, dass Wasser aus dem Teich gezogen wird. Es handelt sich dabei um eine Vertiefung, die wie eine Regenrinne um den Teich angebracht wird. Die Teichfolie verlegt man am besten an warmen Tagen, dann ist das Material flexibel. Wichtig ist, dass sie möglichst faltenfrei verlegt wird. Damit die Folie sich setzt, sollte der Teich 30 bis 50 cm hoch mit Wasser befüllt werden, bevor der gewaschene Kies eingebracht wird. Anschließend können die Pflanzen eingesetzt und der Teich kann vollständig befüllt werden.

(1) Besondere Blütenformen zeigt der Sonnenhut in seiner großen Sortenvielfalt. Hier beeindruckt der Gefüllte Sonnenhut 'Razzmatazz' in kräftigem Pink.

(2) Besonders schön ist der Sonnenhut 'Milkshake', der sich aufgrund seiner Farbe im Garten prächtig einfügt.

(3) Unermüdlich öffnen sich die Blüten der Taglilien und schmücken den Garten viele Wochen lang. Die Sorte 'Spectacular' mit sternförmigen Blüten mit mahagonirotem Auge hier im Bild.

(4) Vollkommen problemlos präsentiert sich die Bahnwärter Taglilie.

(5) Naturnah kombiniert: Taglilien und Kugeldisteln

Bewegung, Romantik, Ruhe, Kinderspiel   EIN GARTEN VOLLER MÖGLICHKEITEN

DER SAMMLERGARTEN

TAGLILIEN: PFLEGELEICHTE BLÜTEN

Taglilien *(Hemerocallis)* eignen sich wunderbar zum Sammeln. Das Sortiment wird immer differenzierter und größer. Taglilien sind mit einem normalen Gartenboden zufrieden, freuen sich über einen Volldünger im Frühjahr und blühen auch im lichten Schatten. Wenn die Blüten nach 24 Stunden verwelken, haben sich längst neue gebildet. Taglilien gruppiert man nach Höhe oder nach Farben. Gruppen aus jeweils fünf bis sieben Pflanzen in Gelb, daneben in Orange, dazwischen in Dunkelrot, das wirkt sehr interessant. Beeindruckende Blütenformen, die gerüscht oder spinnenförmig sein können, sprechen zusammen mit der großen Farbpalette für die Taglilie.

SORTENVIELFALT FÜR JEDEN GESCHMACK

Die Zitronen-Taglilie *(H. citrina)* eignet sich besonders gut für naturnahe Gärten. Die 15 cm langen, hellgelben, schmalen Blüten duften stark. 'Dark Avenger' präsentiert kleine, samtig schwarzrote Blüten mit einem gelben Schlund. Eine ähnliche Farbkombination zeigt 'Berlin Oxblood', sie prunkt mit großen Blüten und einer Wuchshöhe von 90 cm. 'El Desperado' dreht die Farbkombination um und zeigt ein purpurrotes Auge über grüngelbem Schlund. Die Blätter sind rot gesäumt.

SONNENHUT: VERRÜCKTE BLÜTENFORMEN

Wer im Hochsommer nicht verreist, begeistert sich vielleicht an einer Sonnenhut-Sammlung. Der Sonnenhut *(Echinacea)* ist eine Heilpflanze, dessen neuere Züchtungen durch bizarre Blütenformen auffallen. Er blüht überaus reich und lange. Pflanzt man niedrige Gräser dazwischen, verschafft man den selbstbewussten Sonnenkindern die richtige Bühne. Der Gefüllte Sonnenhut 'Hot Papaya' (*Echinacea*-Hybride) wird 90 cm hoch, erblüht in einem leuchtenden Orange und verblüht in einem intensiven Erdbeerrot. Die Blütenblätter im oberen Bereich der Pflanze wirken wie ein Puschel, die unteren Blätter hängen fast gerade nach unten. Mit etwas Fantasie erinnern die Blüten an Pilzköpfe. Ähnlich, aber in einem kräftigen Rosa, zeigt sich der Gefüllte Sonnenhut 'Razzmatazz'. Seine unteren Blütenblätter sind zierlich abgespreizt, die Blüten halten lange in der Vase.

VIELFALT MIT SUCHTPOTENZIAL

Der Sonnenhut 'Milkshake' zeigt gebrochenes Weiß in den hängenden Blütenblättern sowie in der cremefarbenen, leicht grünlichen Mitte, mit einem orangefarbenen Mittelpunkt. Kräftiges Gelb hat 'Aloha', die Mitte ist grün und orange, die Blätter sind waagerecht und dicht angeordnet. Sonnenhut mag als Pflanzplatz volle Sonne und einen durchlässigen Boden. Da Sonnenhüte „untenrum" zum Verkahlen neigen, pflanzt man kompakt wachsende Gräser wie den Grauen Schwingel 'Azurit' (*Festuca cinerea*) oder die Gold-Segge (*Carex hachijoensis* 'Evergold') dazu.

EIN GARTEN VOLLER MÖGLICHKEITEN — Bewegung, Romantik, Ruhe, Kinderspiel

GARTEN FÜR ROMANTIKER

EIN GARTEN KANN LIEBESLAUBE, Versteck, Sehnsuchtsort für Wünsche und Träume sein. Auch auf kleinen Grundstücken kann man für einen stillen Platz sorgen. Sich mit dem liebsten Menschen im Schutz der Pergola an eine Mauer lehnen und ein Glas Wein vor sich, das ist purer Gartengenuss. Der Duft einer Rose steigt in die Nase, Grillen zirpen, leise Musik verstärkt noch die romantische Stimmung. Ein Garten im Sommer ist genau richtig für solche Stunden. Duft und Farbe sowie eine geheimnisvolle, ungestörte Atmosphäre gehören dazu.

LEIDENSCHAFT UND DUFT
Von der Pergola ranken auf einer Seite die gelb-weiß-rosa-roten Blüten des Geißblattes (*Lonicera* x *heckrotti*) und verströmen einen intensiven Duft. Die andere Seite bleibt 'Moonlight' vorbehalten, eine gelb blühende Kletterrose, die fein duftet. Beide Kletterpflanzen sind robust und wüchsig und harmonieren farblich gut.

DUFTENDE BLÜTEN IN DER DÄMMERUNG
Eine Bank steht unter einem Apfelbaum. Davor wächst im lichten Schatten der Großblatt-Phlox 'David' mit strahlend weißen Blüten, der Sommer-Phlox 'Graf Zeppelin' mit großen, schneeweißen Einzelblüten und rubinroter Mitte sowie die Trauben-Silberkerze mit überhängenden, weißen Blütenrispen. Ein herrlicher Anblick im Sommer und im frühen Herbst! Vielleicht braucht man schon eine leichte Decke, trinkt seine letzte Tasse Kaffee im Garten und genießt das schneeweise Leuchten der Oktober-Silberkerze (*Cimifuga simplex* 'White Pearl'). Das erleichtert den Abschied vom Gartenjahr und schon freut man sich auf das nächste.

BLAUES HERZ IM GARTEN
Im kommenden Frühjahr steht die Gärtnerin staunend am Fenster. Der Rasen ist noch grau und matt, doch die kleinen Blüten der Blausternchen oder Traubenhyazinthen leuchten stahlblau in Herzform! Ihr Schatz hat im Herbst unbemerkt für diesen Liebesgruß gesorgt. Buchstaben oder Liebessymbole mit Zwiebelblumen in den Garten zu malen, das sind Sympathiebeweise, die immer ankommen!

ROMANTIK NICHT OHNE KLETTERROSEN
Rosenbögen bietet der Handel in unterschiedlichen Ausführungen an. Ramblerrosen benötigen eine kräftige Stütze, die in einem kleinen Streifenfundament von 40 cm Tiefe befestigt ist. Eine Ramblerrose wie 'Kiftsgate' oder 'Bobbie James' schafft rasch 5 oder 6 m in die Höhe und 3 m in die Breite und entwickelt dabei ein erhebliches Gewicht. Steht sie in voller Blüte, ist diese Rosenart ein unglaublicher Hingucker. Öfterblühend, duftend und sehr gesund ist die Kletterrose 'Jasmina', die mit gefüllten Blüten in einem zarten Violett-Rosa aufwartet. Sie wird bis zu 3 m hoch und benötigt 1 m in der Breite. Es lohnt sich, die Kataloge der namhaften Rosenzüchter zu durchforsten, jede Vorliebe an Farbe und Form kann befriedigt werden.

(1) Ein Traum in Weiß Die Kletterrose umspielt das Rankgerüst, das so zu einer halb offenen Laube wird. Begleitet von den weißen Stauden, ergibt sich ein herrlicher Ruheplatz für milde Frühsommerabende.

(2) Ein Herz aus Traubenhyazinthen im Rasen. Blau ist die Treue, die Herzform sagt alles! Eine romantische Liebeserklärung, die in jedem Garten Platz findet.

AUF DEN GRUND GEHEN

Boden, Kompost und Bewässerung

Ein guter Boden ist das Wichtigste im Garten. Alles Gedeihen hängt davon ab.

Boden, Kompost und Bewässerung   AUF DEN GRUND GEHEN

BODEN UND KLIMA

EIN GENAUES HINSCHAUEN erleichtert die spätere Arbeit und schützt vor Fehlentscheidungen. Auch wenn man es kaum erwarten kann anzufangen: Bevor man mit dem Roden der Pflanzen beginnt, sollte der Boden einer genauen Betrachtung unterzogen werden. Um die Arbeit im Garten später so erfolgreich wie möglich zu gestalten, ist es wichtig, die Zusammensetzung seines Bodens zu kennen.

FRUCHTBARE ERDE IST EINE KOSTBARKEIT
Im Lauf der Erdgeschichte entstanden unterschiedliche Bodenarten: Vom trockenen Wüstensand bis zum Moorboden finden sich alle Zwischenstufen auf unserer Erde. Dieses lebendige, inhaltsreiche Material ist in Jahrmillionen durch Zusammenwirkung von Stürmen, Hitze, Druck, Kälte und Erosion entstanden. Steine wurden geschoben und gepresst, zerkleinert und gemahlen. Sie transportierten die mineralischen und organischen Bestandteile zum Beispiel mit den eiszeitlichen Moränen weit über Land. Flüsse überschwemmten die Flusstäler und reicherten die Böden an. Die meisten Flussniederungen sind deshalb auch nach der Begradigung der Ströme noch immer sehr fruchtbar. Winde trugen Löß oder Gesteinsstaub oft über Tausende von Kilometern und sorgten so für die Fruchtbarkeit unsers Oberbodens.

UNSERE BÖDEN IM GARTEN
Wie riecht die Erde im Garten, wie sieht sie aus? Ist sie dunkel und torfig oder eher gelblich-lehmig? Krümelt oder rieselt der Boden leicht und sandig oder klebt er schwer und lehmig an der Hand? Das muss man wissen, um Pflanzen und Sträucher nach ihren Bedürfnissen auswählen zu können.

Wer sein Grundstück betritt, kann feststellen, dass er entweder auf einem Sand-, Lehm- oder auf einem Tonboden steht. Meist sind es jedoch Boden-Mischformen, die sich auf den Grundstücken der Städte und Dörfer finden.

Sandböden erwärmen sich leicht und kühlen rasch wieder aus, sind wasserdurchlässig und haben einen geringen Nährstoffgehalt. Die Sandkörner besitzen eine runde Kugelstruktur, wodurch Zwischenräume entstehen, durch die das Wasser rinnt und Luft gespeichert werden kann. Sandböden haben zwar einen hohen Anteil an Quarzkörnern (Kieselsäure), es fehlen jedoch andere wichtige Mineralien, die für die Ernährung der Pflanzen wichtig sind. Am häufigsten kommen Sandböden vor, die Lehmanteile aufweisen. Reichert man diese Böden mit Kompost sowie Horn- und Gesteinsmehl an, wird daraus ein gut verwendbarer Gartenboden. Das gilt auch für reine Sandböden, die man daran erkennt, dass der Boden durch die Finger rieselt, wenn man ihn aufnimmt. Wasser versickert auf einem Sandboden sofort.

Als Lehmböden bezeichnet man humusreiche, krümelige Böden. Sie sind in der Lage, Luft, Wasser und Nährstoffe gut zu speichern, und enthalten zudem Kalk. Da ihre Struktur viel „engmaschiger" ist, trocknen sie nicht so leicht aus und sind für die Arbeit der Bodenlebewesen sehr viel günstiger als Sandböden. Humusrei-

AUF DEN GRUND GEHEN Boden, Kompost und Bewässerung

chen Lehm kann man in der Hand zu weichen Krümeln zerbröseln. Die Krümel haften zusammen, ohne zu kleben. Dieser Boden hält das Wasser gut, staut es aber nicht. Somit steht es den Pflanzen zur Verfügung.

Tonböden sind schwer und undurchlässig. Wasser und Luft können nur schwer eindringen. Diese Böden erwärmen sich langsam. Da die Schichtung sehr dicht ist, backen die Böden bei Trockenheit zusammen und reißen wie geplatzte Wunden auseinander. Sie lassen sich nur schwer bearbeiten. Um hier Gartenpflanzen gedeihen zu lassen, muss Sand und grober Kompost untergemischt werden. Hilfreich ist auch eine tief wurzelnde Gründüngung wie Gelbsenf und Phazelie. Nimmt man von diesem Boden einen Klumpen auf, kann man, wie mit Knete oder Plastilin, eine Figur formen. Regenwasser bleibt auf Tonböden tagelang als Pfütze stehen.

Reine Moorböden kommen selten vor, gelegentlich aber Mischformen. Einen Moorboden erkennt man daran, dass sich der Boden wie ein Schwamm zusammendrücken lässt und oft stark torfhaltig ist. Moorböden sind sauer, nährstoffarm und stark wasserhaltig. Aber mit Geduld und Aufbesserung durch Sand, Lehm, Gesteinsmehl, Kalk und Kompost kann ein verwendbarer Gartenboden daraus werden.

WO LIEGT DER GARTEN? WO GÄRTNERN SIE?

In der Stadt, am Waldrand, in der Nähe eines Flusstales oder im milden Weinbauklima? Grenzt Ihr Garten an andere Gärten oder an die Straße? Versiegelte Flächen heizen sich mehr auf als Grünflächen. Welche Pflanzen und Gehölze auf dem anvertrauten Boden gedeihen, hängt auch sehr mit den Klimabedingungen zusammen. Jeder Garten, jeder Innenhof verfügt über ein bestimmtes Mikroklima: In bebauten Gebieten kann durch schützende Gebäude und hohe Bäume ein besonders günstiges Klima entstehen. Häuser und Mauern wärmen sich tagsüber auf, wirken wie ein Speicher und schützen vor kalten Winden. Liegt das grüne Plätzchen an den Ausläufern eines Nordhanges, werden die kalten Winde spürbar sein, Kälte sammelt sich in Mulden, erwärmt sich erst nach und nach. Empfindliche Pflanzen brauchen dann den Schutz des Gebäudes. Hecken und größere Bäume brechen den Wind, schaffen ein besseres Klima zum Gedeihen der Pflanzen. Ein Sitzplatz sollte immer eine „Rückendeckung" haben. In welchem Gebiet Deutschlands liegt das geliebte Plätzchen? Ob man im milden Weinbauklima des Südens und Westens oder im kontinentalen Klima des Nord-Ostens gärtnert, sollte bei der Auswahl der Gehölze und Stauden berücksichtigt werden. Im pflegeleichten Garten kommt es genau darauf an, die passende Bepflanzung für den Garten auszusuchen. Die meisten Pflanzen gedeihen in verschiedenen, gemäßigten Klimazonen, die hier im Buch genannten Pflanzen sind für jede Klimazone passend, wo sie besonders gut gedeihen, wird erklärt.

(1) Dieser leichte Boden krümelt durch die Finger, ist aber kein reiner Sandboden mehr. Alle Pflanzen, die nährstoffarme, feine, durchlässige Erde bevorzugen, gedeihen hier besonders gut.

(2) Der ideale Gartenboden: Humusreicher Lehmboden. Die Krümel haften zusammen, kleben aber nicht.

(3) Toniger Boden, aus dem man Figuren formen kann, die nicht auseinanderfallen. Mit Sand und Kompostbeimischungen wird er zum guten Gartenboden.

(1) Ein Thermokomposter braucht nicht viel Platz und liefert aufgrund seiner Konstruktion schon nach drei bis vier Monaten wertvollen Kompost.

(2) Wer mehr Platz zur Verfügung hat, sollte zwei solcher Kompostabteilungen bauen. Eine Seite ruht und rottet ca. ein Jahr, die andere wird mit neuem Material bestückt.

Boden, Kompost und Bewässerung

AUF DEN GRUND GEHEN

BODENPFLEGE UND KOMPOST

IM GARTEN KANN (FAST) ALLES WIEDERVERWENDET WERDEN. Ob Gehölzschnitt oder Rasenschnitt, alles, was so im Laufe des Jahres an Verblühtem und Verwelktem abgeschnitten wird, wandert in den Korb und auf den Kompost. Dort verwandelt es sich mithilfe von Würmern, Asseln und unzähligen anderen Helfern in hervorragenden Humus.

THERMOKOMPOSTER BEI WENIG PLATZ
Um diesen Helfern einen guten „Arbeitsplatz" zu schaffen, ist die Anlage eines optimalen Kompostplatzes wichtig. Ein Komposthaufen ist wichtiger Düngerlieferant. Mit dem entstehenden Humus werden alle Bereiche des Gartens versorgt.
Auch im kleinen Garten findet sich sicher noch eine Ecke für einen Schnell- oder Thermokomposter. Verschiedene Bauarten werden im Handel angeboten. Diese Behälter sind meist aus grünem oder schwarzem Kunststoff und werden von oben bestückt. Im Inneren des Thermokomposters entwickelt sich viel Wärme, die die Rotte beschleunigt. Allerdings muss man sehr genau auf die Mischung achten, unter Umständen auch regelmäßig Wasser zuführen. Zu viel Rasenschnitt ist unbedingt zu vermeiden, da der Inhalt eines Thermokomposters gerne fault. Im anderen Fall kann bei zu großer Trockenheit die Rotte stocken, Asseln und Regenwürmer verschwinden dann. Etwas Wasser bringt den Umbau wieder in Schwung. Wichtig ist, dass ein engmaschiges Gitter den Behälter von unten absichert, damit keine Mäuse und Ratten einwandern. Die fertige Erde kann, je nach Größe und Befeuchtung, nach drei bis sechs Monaten entweder durch die Klappen im unteren Teil des Komposters entnommen werden oder man zieht den Behälter nach oben weg, sodass der Inhalt frei zugänglich ist.

VORAUSSETZUNGEN FÜR GUTEN KOMPOST
Für die Kompostanlage ist ein windgeschützter Platz im Halbschatten richtig. Die Anlage kann in kesseldruckimprägniertem Holz, Latten aus Kunststoff oder Drahtgeflecht ausgeführt werden. Der Handel bietet auch einfache Bausätze an. Die Luftzufuhr von den Seiten sollte gewährleistet und der Boden nicht verplattet oder versiegelt sein. Zu viel Sonne trocknet aus. Ist der Platz zu kühl, verlangsamt sich die Umwandlung. Bei diesem Vorgang, auch Rotte genannt, verwandeln sich organische Abfälle in fruchtbaren Humus.

> **LAUB RECYCLEN**
>
> In Gärten mit Laubbäumen und Laub abwerfenden Gehölzen fällt im Herbst viel Laub an. Wenn man sich die Arbeit macht, das Laub zu häckseln, kann es entweder als Winter- und Bodenschutz auf Gehölzbeeten ausgebracht werden oder auf den Komposthaufen wandern. Wer sich nicht so viel Arbeit machen möchte, kauft Laubsäcke und stellt sie an den Straßenrand. Die Kommunen holen die Säcke ab und machen in Kompostieranlagen Erde daraus.

AUF DEN GRUND GEHEN — Boden, Kompost und Bewässerung

Das geschieht mithilfe von Luft, Wärme und Wasser, Asseln, Springschwänzen, Algen, Bakterien, Pilzen und Regenwürmern. Sie gehören zu den bereits genannten guten Helfern. Alle arbeiten perfekt zusammen, der Gartenbesitzer wird sich in jedem Frühjahr über einen reifen, wohlriechenden Kompost freuen, den er seinem Garten schenken kann.

Da viele „Mitarbeiter" gebraucht werden, sollte die Kompostanlage eine Grundfläche von ca. 1,50 m im Quadrat nicht unterschreiten. Eine funktionierende Kompostanlage friert auch in harten Wintern nicht durch. Die „Mitarbeiter" ziehen es dann vor, etwas tiefer unten zu arbeiten. Man kann es nachprüfen, wenn man mit der Hand im Haufen wühlt und dann eine deutliche Wärmeentwicklung nach unten spürt; auch in der kalten Jahreszeit findet die Rotte statt. Wer neu anfängt, der sollte noch etwas Radivit oder anderen Schnellkomposter über die Gartenabfälle streuen, das lockt Würmer und Asseln an, in Kürze werden sich all die anderen braven Helfer einstellen und bleiben.

GEMEINSAM ZUM GARTENGOLD

Familien in einer Reihenhausanlage oder einem Miethaus mit Gartenwohnung könnten sich als Nachbarn zum gemeinschaftlichen Bau und Nutzung einer Kompostanlage zusammentun. Auch Nachbarn ohne Garten freuen sich, wenn aus ihrem Biomüll neue und gute Erde wird.

WAS KANN AUF DEN KOMPOST UND WIE?

Aus dem Garten: Abgeschnittenes von Stauden, Sträuchern, Pflanzen, überalterte Bepflanzung von Kübeln und Rasensoden, die bei der Anlage eines Beetes abgenommen werden. Laub, möglichst gehäckselt. Wichtig: kein Laub von Nussbaum und Wildem Wein (Gerbsäure). Fallobst in kleinen Mengen. Schnittblumen unbedingt ohne Stützdrähte, Schleifen oder Dekoartikel aus Plastik. Rückschnitt von Rosen sollte lieber in die Mülltonne wandern, weil die Stacheln schwer verrotten.

Aus der Küche: Kartoffel-, Gemüseblätter und Strünke, Obstschalen, Salatblätter, Teebeutel, Kaffeefilter mit Kaffeesatz und Eierschalen. Gelegentlich können eingeweichte Eierkartons zugegeben werden. Wichtig: nichts Gekochtes, keine Fleischreste, keine Essensreste! Keine Bananenschalen und Schalen von Zitrusfrüchten!

Rasenschnitt: Wird in einer dünnen Schicht (nur ca. 1 cm) auf den Kompost gestreut und mit grobem Schnittgut gemischt. Wird der Rasen zu dick aufgetragen, klumpt und stinkt diese Schicht, ist wasserundurchlässig und somit schlecht für die Rotte. Mit etwas Mühe ist das wieder in Ordnung zu bringen: Man scharrt und stochert die Schollen, die wie Kuhfladen aussehen und auch so stinken, auseinander und vermischt sie mit dem halb verrotteten Kompost. Nach und nach zerfallen sie ganz. Besser ist es, solche Schichtenbildung zu vermeiden. Der Komposthaufen braucht Feuchtigkeit, fehlt längere Zeit Regen, muss man nachwässern. Ein richtig gemischter Komposthaufen zieht keine unliebsamen Tiere an und riecht nicht schlecht!

(1) Rückschnitt von Gehölzen, Verblühtes von Stauden, alles was im Garten zerkleinert werden muss, schreddert der Häcksler kompostreif. Es gibt kleine elektrisch betriebene oder größere, robuste Geräte mit Benzinmotor. Die Entscheidung hängt von der anfallenden Menge des Schnittgutes und der Größe des Gartens ab.

(2) Fertiger Kompost wird gesiebt und so von groben Teilen befreit.

(3) Im zeitigen Frühjahr werden die Beete mit frischem Kompost versorgt.

Boden, Kompost und Bewässerung

DER GARTEN BRAUCHT WASSER

PFLANZEN HABEN EINEN UNTERSCHIEDLICHEN WASSERBEDARF. Der Gärtner im pflegeleichten Garten bedenkt dies bereits bei der Auswahl der Pflanzen und Anlage des Gartens.

WENIG GIESSEN MIT DEN PASSENDEN PFLANZEN

Im Staudenbeet platziert man die Pflanzen so, dass sie sich gegenseitig etwas Schutz und Schatten geben. Das gelingt vor allem im lichten Schatten. Funkie *(Hosta)*, Prachtspiere *(Astilben)*, Sterndolde *(Astrantia)* und Phlox mögen es, wenn sie dicht an dicht stehen, sich gegenseitig vor Wind und Austrocknung schützen. Selbstverständlich muss man so eine eng nebeneinander lebende Gesellschaft im Auge behalten, damit sich die Pflanzen nicht bedrängen und sich Wasser und Licht gänzlich wegnehmen. Durchdringendes Gießen in den Wurzelbereich der Stauden hält aber für Tage feucht.

WÄSSERN ZUR RICHTIGEN ZEIT

Rasen sollte in den frühen Morgen- oder Abendstunden gewässert werden. Ob automatisch oder von Hand: Wichtig ist, dass der Rasen nicht zu kurz geschnitten wurde und durchdringend gewässert wird. Als Faustregel gilt: lieber alle zwei bis drei Tage gründlich wässern, als jeden Tag ein wenig feucht machen. Das Gras bildet im letzteren Fall nur noch Wurzeln dicht an der Oberfläche aus, die nächste Hitzewelle verursacht braune Stellen.

DIE HACKE IST DIE GIESSKANNE DES GÄRTNERS

Bei längerer Abwesenheit zu Hitzeperioden kann der Boden verhärtet sein. Dann muss vor dem Wässern der Boden gelockert und angefeuchtet werden, bevor man kräftig gießt. Je nach Zustand des Bodens sind auch mehrere Durchgänge nötig. Der Gärtner im pflegeleichten Garten teilt sich die Arbeit ein: Ist das Grundstück etwas größer oder möglicherweise mehr als 1.500 qm groß, dann wässert man jeden Tag einen anderen Teil gründlich. Die Pflanzen halten einige Tage gut aus, wenn durchdringend gewässert wurde.

BEWÄSSERUNGSSYSTEME

Recht einfach und bezahlbar ist die Installation einer oberirdischen Beregnungsanlage. Es werden verschiedene Systeme angeboten, die immer von einer Hauptleitung ausgehen, von der kleinere Abzweige für die genaue Wasserverteilung sorgen. Gerade in Urlaubszeiten sehr praktisch! Wer länger vorsorgen will, sammelt das Regenwasser vom Dach. Die Behälter sollten im Schatten stehen und zum Winter leer werden, weil Frostschäden entstehen können.
Bei einer größeren Dachfläche lohnt sich auch eine Zisterne, die im Boden eingegraben ist. Der Handel bietet flache, runde und Behälter mit mehreren Kammern an, einschließlich der nötigen Pumpen und Überlaufsysteme.

(1) Dichte Bepflanzung und Rindenmulch wirken der Verdunstung entgegen.

(2) Praktisch Die Regentonne sammelt das Wasser zum Gießen vom Dach.

(3) Den Rasen am besten am frühen Morgen oder späteren Abend durchdringend wässern.

AUF DEN GRUND GEHEN — Boden, Kompost und Bewässerung

SCHÄDLINGE UND NÜTZLINGE

IM GARTEN LEBT EINE TIERWELT, die manchmal nur an den guten oder weniger angenehmen Eigenschaften zu erkennen ist. Nützlinge und Schädlinge werden immer einen Garten bevölkern, Gelassenheit ist hier eine gute Gärtnereigenschaft. Es gilt nur dann einzugreifen, wenn es unbedingt nötig ist – das ist wichtig im Garten. Der pflegeleichte Garten mit seiner Artenvielfalt an Pflanzen und Ecken ungezähmter Natur bietet den Nützlingen viel Unterschlupf, damit sie den Schädlingen zu Leibe rücken können. Ganz im Sinne der Nachhaltigkeit und der einfachen Gartenpflege.

EINFACHES HERSTELLEN VON JAUCHEN
Blätter von Brennnesseln, Beinwell oder Rainfarn in ca. 10 cm lange Stücke schneiden (bei Brennnesseln mit Handschuhen arbeiten), in einen Eimer geben, mit kaltem Wasser auffüllen. Den Eimer an einen warmen Platz stellen. Immer wieder umrühren. Wenn die Brühe schäumt und stinkt, etwas Steinmehl darüber streuen, das bindet den Geruch. Die Jauche ist fertig, wenn sie nicht mehr schäumt. 1:10 mit Wasser verdünnen und als Dünger verwenden. Jauche nicht in der Nähe von Fenstern gären lassen, sie stinkt!

FREUND ODER FEIND?

SCHÄDLINGE	SCHADBILD	GEGENMASSNAHMEN
Fadenwürmer (Nematoden)	Abgestorbene Wurzeln, Missbildungen an Stängeln und Wurzeln	Studentenblumen und Ringelblumen pflanzen, befallene Pflanzen im Müll entsorgen, Fruchtfolgen einhalten, natürliche Bodenpflege
Blattläuse	Welke Pflanzenteile, Knospen öffnen sich nicht mehr, fallen oft vorher schon ab	Dusche mit Brennnesseljauche oder Seifenlauge, mit Handschuh abstreifen, natürliche Feinde wie Marienkäfer fördern
Dickmaulrüssler	Frisst vom Rand her die Blätter der Pflanzen (Ausbuchtungsfraß), nagt auch an den Knospen, sodass sie absterben	Brühe aus Rainfarntee oder Schmierseife, in der Dämmerung absammeln
Wühlmäuse	Abgestorbene Pflanzen, die schlapp auf der Erde liegen, weil die Wurzeln gefressen wurden. Starker Befall kann zur Plage werden!	Kaiserkronen und Knoblauch pflanzen. Stäbe in die Erde stecken, an die geschlagen wird (geräuschempfindlich), Fallen aufstellen
Lilienhähnchen	Knospen und Blätter von Lilien sind an- oder abgefressen, Blüte fällt aus	Larven abspritzen (sitzen in Kothaufen getarnt an der Unterseite der Blätter), erwachsene Käfer fangen
Nacktschnecken	Fraß und Kahlfraß, schleimige Spuren der nächtlichen Aktivität	Den Garten igelfreundlich gestalten, eisenhaltiges Schneckenkorn streuen, Beet mit Schneckenzaun versehen

Boden, Kompost und Bewässerung

AUF DEN GRUND GEHEN

NÜTZLINGE	AUSSEHEN, VORKOMMEN	NUTZEN
Florfliege	Ein zartes, filigranes, hellgrünes Insekt mit durchscheinenden Flügeln, das sich von Nektar und Wasser ernährt. Die Eier kleben an 5 mm langen Stielen. Die Larven saugen Blattläuse aus.	Am Ende ihres Lebens hat eine Florfliegenlarve ca. 500 Blattläuse vertilgt. Bei einem 2- oder 3maligen Zyklus im Jahr ist das Insekt daher für die Schädlingsbekämpfung sehr wichtig.
Marienkäfer	Die Käfer paaren sich im Frühjahr. Längliche, gelbe Eier kleben an den Blattunterseiten, aus denen sich dunkel, graublaue, längliche Larven schälen. Diese haben einen enormen Hunger und ernähren sich von Blattläusen. Zur Verpuppung hängen sie sich an den „Füßchen" an Blätter.	Eine Larve vertilgt ca. 3.000 Blattläuse und ist daher sehr effektiv im Einsatz gegen diese Schädlinge.
Schwebefliege	Das Insekt ist ca. 11 bis 13 mm groß, auffällig gefleckt und sieht einer Wespe ähnlich, ist jedoch völlig ungefährlich	Die Larven der Schwebefliege vertilgen große Mengen Blattläuse. Sie sind gegen Insektizide empfindlich.
Hummeln	Stark behaarte, kräftig gebaute Insekten, sehr auffällig mit ihren braun-gelben Streifen	Gartenhummeln sind wichtige Bestäuber von Obstbäumen.
Laufkäfer	Eine sehr artenreiche Gattung, allein in Europa kommen ca. 6.000 Arten und Unterarten vor. Ihr Aussehen ist unterschiedlich: vom Goldlaufkäfer bis zum blau-schwarzen Laufkäfer und schlankeren schwarz-braunen Hainlaufkäfer. Laufkäfer können fliegen und breiten sich so aus. Bis zu 600 Eier werden in Vertiefungen abgelegt. Bei intensiver Brutpflege der Weibchen durchlaufen die Larven mehrere Stadien, bis sie sich verpuppen und zum Käfer entwickeln.	Wertvolle Gartenhelfer. Sie sind räuberisch, vertilgen kleine Schnecken, Kartoffelkäferlarven, Drahtwürmer, sind auf Raupen spezialisiert. Kleine Arten fressen auch Läuse und Milben.
Asseln	Ursprünglich aus dem Meer kommend, haben Asseln noch Kiemen. Das Weibchen hat bis zu 100 Junge im Jahr.	Asseln ernähren sich von Totholz und Verrottetem, wie Falllaub. Im Kompost und Garten sind sie sehr nützlich, da sie hochmineralischen Dünger ausscheiden.
Kompostwürmer, Regenwürmer	Der Kompostwurm wird ca. 9 cm lang und ist sehr beweglich. Der Regenwurm wird mit 9 bis 30 cm länger.	Die Würmer ernähren sich von verrottenden Pflanzen, der Kot hat eine hohe Nährstoffkonzentration
Singvögel	Meisen, Rotkehlchen, Kleiber, Gartenrotschwanz und Spatz. Je nach Art mit blauem Kopf, rotem Hals oder schwarzen Deckfedern. Singvögel machen den Garten lebendig.	Alle Singvögel ernähren sich und ihre Jungen mit Insekten. Sie helfen mit bei der Schädlingsbekämpfung.
Igel	Stacheliges Säugetier, 10 bis 45 cm groß, rollt sich bei Gefahr zusammen. Zieht sich im Herbst zum Winterschlaf zurück.	Der Igel ist der beste Helfer im Kampf gegen Nacktschnecken. Er braucht Unterschlupf und etwas Unordnung zum Rückzug im Garten.

(1) Ein seltener Anblick Der Dickmaulrüssler lässt sich tagsüber kaum sehen und wird erst in der Dämmerung aktiv.

(2) Die Florfliege So zart und so hilfreich im Garten. Ihr Appetit auf Blattläuse ist groß.

(3) Marienkäfer-Larve Nur an den Farben ist zu erahnen, dass aus dieser Larve einmal ein Marienkäfer wird. Ob Käfer oder Larve, beide Entwicklungsstadien lieben Blattläuse.

(4) Schwebfliegen Ebenso an der Dezimierung der Blattläuse sind die harmlosen Schwebfliegen beteiligt, die mit ihrer Färbung an Wespen erinnern.

(5) Lilienhähnchen Sie richten großen Schaden an und wehren sich gegen ein Absammeln, indem sie sich fallen lassen.

(1) Scharfe Werkzeuge Mit Handspaten, Schere und Handschuhen beginnt jeder Gartentag. Die Schnittwerkzeuge sollten eine scharfe Klinge haben.

(2) Mit einem Unkrautstecher lassen sich tiefgründig die Wurzeln des unbeliebten Bewuchses entfernen.

(3) Gehölze, wie hier die Hainbuche, werden mit der Heckenschere leicht in Form gebracht.

(4) T- oder D-Griff Spaten und Grabegabel mit unterschiedlichen Griffen, je nach persönlicher Vorliebe.

(5) Doppelhacken vereinfachen die Arbeit zwischen eng wachsenden Stauden.

WELCHES WERKZEUG IST WICHTIG?

FUNKTIONIERENDES WERKZEUG ist für jeden, der sich im Garten betätigt, wichtig. Es soll angenehm in der Hand liegen und robust sein. Am häufigsten gebraucht man nicht den Spaten, sondern die Gartenschere. Es gibt immer etwas abzuschneiden, etwas zurückzuschneiden oder auszuputzen. Dabei kommt es auf einen sauberen Schnitt an, damit die Pflanzenstängel nicht gequetscht werden oder die Schnittstellen ausfransen. Denn solche Wunden sind Eintrittspforten für Bakterien und Pilze. Jürgen Dahl, passionierter Gärtner und Gartenbuchautor, hat die Gartenscheren in zwei Kategorien eingeteilt: mürrische oder gut gelaunte Scheren. Er warnt davor, mit einem übellaunigen Werkzeug zu arbeiten, das wirke sich auf die Arbeit aus. Eine Schere sollte gut in der Hand liegen, an die Größe der Hand angepasst sein, einen sauberen Schnitt produzieren, leicht zu pflegen sein und sehr wichtig: Ersatzteile sollten problemlos einzubauen sein. Denn für die unterschiedlichen Bereiche im Garten braucht man auch unterschiedliche Scheren!

WERKZEUG	ARBEITSGEBIET / FUNKTION
Gartenschere	Rückschnitt, Gehölzschnitt, Pflegeschnitt, Abschneiden von Verblühtem, Formschnitt
Heckenschere (manuell oder elektrisch), bei Bedarf mit Benzinmotor	Je nach Menge der zu schneidenden Hecken genügt eine manuelle oder eine elektrische Schere. Bei längeren Hecken ist eine Schere mit Benzinmotor empfehlenswert, die allerdings auch ihr Gewicht hat.
Spaten	Ob T- oder D-Griff, das ist Geschmackssache. Wichtig ist, dass Größe und Gewicht des Spatens der Körpergröße und Kraft des Gartenmenschen angepasst ist. Mit einem Stiel in der richtigen Länge vermeidet man Rückenschmerzen. In einem Stück geschmiedete Spaten sind langlebig und durch scharfe Kanten arbeitsfreundlich.
Laubharke	Es gibt starre und solche, die mehr federn und verstellbar sind. Es lohnt sich auszuprobieren, welche die richtige Harke ist.
Besen	Profan, aber immer wichtig. Wege mit Klinkern und anderen Belägen müssen immer mal wieder von Laub oder Blütenstaub befreit werden. Stufen vor dem Haus ebenso. Schmale Besen kommen besser in die Ecken.
Fugenkratzer, Unkrautstecher	Der Fugenkratzer hilft Gras, und was sonst noch so in Fugen und Ritzen wächst, herauszuholen. Im Beet lassen sich Wurzelunkräuter mit dem Unkrautstecher herausheben. Beide Geräte müssen stabil sein und scharfe Kanten haben, dann ist das Entfernen effektiv!
Hacke und Grubber	Ob man eine Hacke mit zwei oder drei Zinken bevorzugt, ist nicht so wichtig. Praktisch ist eine Doppelhacke mit zwei Zinken und einem herzförmigen Blatt. Hiermit kommt man auch gut zwischen eng gepflanzte Stauden und kann den Boden problemlos lockern. Die Länge des Hackenstiels sollte der Körpergröße angepasst sein.
Handschaufel	Für alle Pflanzarbeiten. Ist handlich und damit gut in dicht bepflanzten Beeten zu verwenden.

PFLANZEN AUSSUCHEN

Aus der Fülle das Richtige finden

Aus der Fülle das Richtige finden

PFLANZEN AUSSUCHEN

WAS WÄCHST DA IM GARTEN?

BEZEICHNUNG	VERWENDUNG IM GARTEN
Bäume – Laub abwerfend oder Nadelbäume	Je nach Wuchs und Höhe für größere oder auch für kleinere Gärten verwendbar. Nadelbäume brauchen viel Platz, ganzjährige Verschattung muss beachtet werden. Gut als Sichtschutz geeignet. Laubbäume sind meist als Solitär zu verwenden.
Großsträucher – Laub abwerfend oder immergrün	Als Abgrenzung bei großzügigem Platzangebot, in Einzelstellung auch im kleineren Garten. Laubgehölze mit schöner Herbstfärbung sind ein herrlicher Blickfang, wie zum Beispiel die Kupfer-Felsenbirne oder der Fächer-Ahorn.
Mittlere und kleine Sträucher – immergrün und Laub abwerfend	Strukturbildner wie Rhododendron bieten Blüte und Sichtschutz das ganze Jahr. Immergrüne wie Eibe und Buchs bieten Schatten am Sitzplatz. Kleine Sträucher wie Spieren oder Eibisch sind als Ergänzung im Staudenbeet zu verwenden.
Obstbäume – als Hochstamm, Niedrigstamm oder Spalierobst	Je nach Platzangebot sind Obstbäume im Garten eine Zierde. Die Blüte im Frühling, Früchte im Sommer oder Frühherbst. Spalierobst lässt sich auch an einer Haus- oder Garagenwand platzsparend ziehen.
Rosen – Bodendecker, Edelrosen, Strauchrosen, Rambler	Je nach Gestaltung des Gartens einzusetzen: Bodendecker und Edelrosen brauchen weniger Platz, eine Strauchrose kann sehr wüchsig sein, englische Rambler wachsen stark, eignen sich als Solitär und blühen im Juni spektakulär.
Hortensien – Bauern-Hortensien, Teller-Hortensien, Eichenblättrige Hortensien, Rispen-Hortensien	Hortensien sind ein wunderbarer Gartenschatz, je nach Platz schmücken sie in großen Gruppen den Garten einen Sommer lang. Die Farbvielfalt reicht von Blau und Lila über Rosa und Pink bis zu Weiß und Creme.
Kletterpflanzen – blühende und immergrüne, schwächer und stärker wachsend	Ob Clematis, Weigelie, Rose, Blauregen, Efeu, Wilder Wein oder Kletter-Hortensie, auch im kleinen Garten gibt es noch Platz für einen Klettermaxen, der den Himmel über dem Garten erschließt. Pergolen oder Hauswände lassen sich hübsch begrünen.
Gräser und Farne	Gräser wachsen in voller Sonne, teils im Halbschatten und Schatten. Im Staudenbeet sind Gräser unverzichtbar, um Akzente zu setzen. Farne zieren schattige Ecken. Farne mit Hosta kombiniert ergibt ein interessantes Schattenbeet.
Stauden – krautige Pflanzen, die im Winter einziehen und im Frühling aus ihrem Überdauungsorgan (Wurzel) wieder neu austreiben	Stauden sind die Alleskönner im Garten, ihre Vielfalt ist riesig. Ob man sie nach Farben, nach Blütezeit, nach Sorte oder in Gruppen pflanzt, Stauden eignen sich für jeden Gartenbereich. Sie sind in der Regel sehr langlebig und überwintern meist draußen im Beet. Also genau das Richtige für den pflegeleichten Garten.
Sommerblumen – Einjährige und Zweijährige	Die Wahlmöglichkeiten sind groß. Wer oft Abwechslung haben möchte, greift zu Einjährigen wie Kosmee, Klatschmohn oder Löwenmäulchen. Hohe und niedere Sorten, frühe und späte stehen zur Verfügung. Zweijährige wie der Fingerhut oder Muskateller-Salbei bilden im ersten Jahr die Blattmasse und im zweiten Jahr die Blüten. Sie säen sich danach oft wieder von alleine aus.
Zwiebelblumen	Speichern in ihrem rundlichen Körper Nährstoffe, treiben meist im Frühling oder Frühsommer aus. Nach der Blüte holen sie über das Laub Kraft, es darf erst welk entfernt werden, im Sommer liegen sie gerne trocken.

PFLANZEN AUSSUCHEN Aus der Fülle das Richtige finden

SOMMERBLUMEN

SCHOKOLADENBLUME
(Cosmos atrosanguineus)
Aussehen: Einjährig, mit langen Stängeln, auf denen die nach Zartbitterschokolade duftenden Blüten sitzen. Der Duft entfaltet sich besonders bei Wärme. Die Pflanze braucht etwas Platz, damit sie sich entfalten kann.

SPINNENBLUME
(Cleome hassleriana)
Aussehen: Einjährig, aufrecht wachsend
Höhe: 90 cm bis 1 m
Blüte: Rosa, rot, weiß, Juli bis September
Standort: Volle Sonne, bei Trockenheit regelmäßig gießen, gut mit Nährstoffen versorgen. Bereits im Februar auf dem Fensterbrett vorziehen, aber erst nach den Eisheiligen in das Freiland entlassen. Der Pflanzplatz sollte mit Kompost versorgt sein.
Verwendung: In Gruppen, im Hintergrund oder in der Mitte des Beetes

Höhe: 60 bis 80 cm
Blüte: Dunkelrot, samtig, von Juli bis Oktober
Standort: Trockener, nahrhafter, sonniger Boden
Verwendung: Braucht etwas Platz, damit sie sich entfalten kann, wirkt gut im Vordergrund, als Solitär oder Gruppe

ROTER FINGERHUT
(Digitalis purpurea)
Aussehen: Zweijährige Pflanze, die man mit wenig Mühe im Garten halten kann. Samt sich an ihr zusagenden Gartenplätzen leicht selbst aus.
Höhe: 1,20 bis 1,50 m
Blüte: Rot, rosa, weiß von Juli bis August und länger
Standort: Sonnige bis halbschattige Plätze, wasserdurchlässiger Boden
Verwendung: Am schönsten in Gruppen, auch hübsch in Vasen. Die Blüten sind bei Hummeln besonders beliebt. Achtung: Fingerhüte sind giftig!

TRICHTERMALVE
(Malope trifida)
Aussehen: Einjährig. Alte Bauerngartenpflanze, die mit Blütenfülle und langer Blütezeit verzaubert.
Höhe: 60 cm bis 1 m
Blüte: Rosa oder weiß von Juli bis Oktober

KOKARDENBLUME
(Gaillardia pulchella)
Aussehen: Ein Korbblütler mit herrlichen, strahlenförmigen Blüten in gelb-braunen Farbabstufungen (Malerblume). Gute Schnittblume.
Höhe: 70 bis 80 cm
Blüte: Juni bis Oktober
Standort: Vollsonnig, vertragen auch Trockenheit, keine Staunässe. Im April ins Freiland säen und später mit 30 cm Abstand verpflanzen oder ausdünnen.
Verwendung: In vollsonnigen Beeten, auch im Steppenbeet in Gruppen am Rand oder im Mittelgrund des Beetes

Standort: Leichter Boden in voller Sonne. Kann im April an Ort und Stelle ausgesät werden. Später verpflanzt man auf 20 bis 30 cm Abstand.
Verwendung: Im sonnigen Beet als Gruppe oder in Einzelstellung, passt sich gut an

MUSKATELLER-SALBEI
(Salvia sclarea)
Aussehen: Zweijährige Pflanze mit beeindruckender Gestalt und ins Grau gehendem Laub.
Höhe: Bis 1,50 m
Blüte: Hellviolett bis rosa, Juni bis Juli
Standort: Vollsonniger, eher trockener, kalkhaltiger Gartenboden. Aussaat im April an Ort und Stelle, später großzügig auslichten, damit den einzelnen Exemplaren viel Platz bleibt
Verwendung: Bei Bienen sehr beliebt, in Einzelstellung im Mittelgrund oder Hintergrund des Beetes

Aus der Fülle das Richtige finden

PFLANZEN
AUSSUCHEN

STAUDEN: KLEINE EINFÜHRUNG

WAS SIND STAUDEN? Sie sind langlebig und können oft jahrelang an einem Standort bleiben. Nach der Blütezeit bleibt der Blattschmuck je nach Sorte noch lange erhalten, im Herbst sterben die oberirdischen Teile der Stauden dann ab, zuverlässig treiben sie im Frühjahr wieder aus.

VIELE FORMEN UND FARBEN
Die größte Freude, die man mit Stauden haben kann, ist das Zusammenstellen von Pflanzungen nach Farbe, Form oder Größe. Wenige Quadratmeter reichen aus, um ein erfrischendes Gartenbild zu erschaffen. In Kombination mit Gräsern und Zwiebelpflanzen ist so eine Pflanzung unschlagbar. Mit wenigen Arten und Sorten kann ein Garten abwechslungsreich wirken, die Wiederholung macht es. Farben und Blätter mehrfach auftreten zu lassen, wirkt perfekt und trotzdem natürlich.
Stauden wollen in Gruppen zusammen sein, zum Beispiel in sogenannten Drifts. Dies sind längliche oder ovale Pflanzstreifen, die schräg angeordnet ein bewegtes Sommerbild ergeben.

MIT STAUDEN „SPIELEN"
Ob man nur eine Art pflanzt und davon unterschiedliche Sorten, oder ob man kräftige Blätter und interessante Blattformen vorzieht, hängt von der Vorliebe des Gartenmenschen ab. In den Kombinationen auch die Wuchshöhe zu beachten ist wichtig. Kleine Stauden und Polster nach vorne, hohe Stauden in die Mitte oder nach hinten. Dabei sollten die Großen die Kleinen nicht verschatten.

STAUDEN-PFLEGE
Die Pflege von Stauden ist nicht schwierig. Der Boden sollte tiefgründig gelockert und für Prachtstauden mit hohem Nährstoffbedarf gut gedüngt sein. Ideal ist die Düngung mit Kompost und einem stickstoffbetonten Dünger, der das Blütenwachstum fördert. Hornmehl ist den Pflanzen immer willkommen und stärkt die Gesundheit. Sonnenanbeter wie Lavendel, Woll-Ziest, Heiligenkraut und die Palmlilie sind mit einer kleinen Menge Kompost zufrieden und mögen magere, fast sandige Böden, die sich rasch erwärmen. Die Pflanzung in Gruppen erlaubt es, den Boden entsprechend der Bedürfnisse vorzubereiten; ein in der Sonne liegender Drift bekommt weniger Dünger, als die hungrigen Pflanzen nebenan, die schon im lichten Schatten wachsen und mehr Nahrung brauchen, um zu blühen. Die Übergänge sind fließend. Gedeiht ein Pflanze nicht optimal, dann verändert man den Standort, rückt sie etwas mehr in die Sonne oder in den Schatten und meist stellt sich das gewünschte, prächtige Wachstum ein. Hat man den Boden vorbereitet und die Ansprüche der Stauden beachtet, ist das Meiste getan. Gelegentlich sind kleine Eingriffe nötig: Zu wüchsige Stauden müssen geteilt, das Wildkraut entfernt und der Boden gelockert werden. Unkraut oder Wildkraut haben in einem dicht bepflanzten Beet kaum Chancen, aufzukommen. Ausladende Pflanzen sollten eine Stütze bekommen, um den Nachbarn nicht zu stören.

PFLANZEN AUSSUCHEN — Aus der Fülle das Richtige finden

STAUDEN-VIELFALT

UNGARISCHER AKANTHUS
(Acanthus hungaricus)
Aussehen: Ornamentale Blätter, lange aufrechte Blütenkerzen in Weißlich-Rosa von Juli bis August, mit zierenden Samenständen
Anspruch und Pflege: Halbschattig, verträgt auch etwas Trockenheit, die Blätter hängen dann, erholen sich aber schnell. Vermehrt sich willig, ohne lästig zu sein.
Verwendung: Im Beet als Mittelpunkt, im Hintergrund vor Gehölzen als strukturbildende Gruppe. Kombiniert sich gut zu niedrigen Pflanzen.

FRAUENMANTEL
(Alchemilla mollis)
Aussehen: 40 bis 50 cm hoch, mit samtigen Blättern, feine gelblich grüne Blüten von Juni bis Juli
Anspruch und Pflege: Anspruchslos. Sonnig bis halbschattig. Sandig-humoser Boden. Nachblüteschnitt fördert attraktiven Neuaustrieb.

Verwendung: Alleskönner im Beet sowie am Gehölzrand, in kleinen oder größeren Gruppen. Blatt und Blüte sind gleichermaßen attraktiv.

HERBST-ANEMONE
(Anemone hupehensis)
Aussehen: Buschig, bis zu 1,40 m hoch. Blüten in Rosa oder Weiß von August bis Oktober, ungefüllt oder halb gefüllt.
Anspruch und Pflege: Halbschattig. Düngergabe im zeitigen Frühjahr für blühfreudige Pflanzen, manchmal Stütze nötig.
Verwendung: Vielseitig und problemlos, lange Blühdauer. Als Randbepflanzung, Drift oder große Gruppe in Gesellschaft von Hosta und Silberkerze, auch als Solitär.

WALD-GEISSBART
(Aruncus dioicus)
Aussehen: 1 bis 1,50 m hoch mit gefiedertem Laub, leicht überhängende weiße Blütenrispen von Juni bis Juli. Die Staude ziert das ganze Jahr.

AKELEI
(Aquilegia spec.)
Aussehen: Filigran, 30 bis 60 cm hoch. Blüten von Mai bis Juni in Blau, Rot, Rosa, Gelb, Weiß in Narrenkappenform, auch zweifarbig.
Anspruch und Pflege: Halbschattig bis sonnig. Keine besonderen Ansprüche. Versamt sich leicht. Robust und absolut winterhart.
Verwendung: Wirkt am besten in Gruppen, verträgt sich sehr gut mit allen anderen Stauden, schön mit Blattschmuckpflanzen

Anspruch und Pflege: Durchlässiger, frischer Gartenboden im Halbschatten. Unkompliziert.
Verwendung: Hintergrundstaude, die jeden dunklen Platz erhellt. In Gruppen von zwei bis drei Pflanzen vor immergrünen Gehölzen sehr elegant. Zwerg-Geißbart empfiehlt sich im Vordergrund.

HERBST-ASTER
(Aster)
Aussehen: Bilden je nach Sorte dichte Kissen oder Horste, manchmal verkahlen die hohen Sorten. Blaue, weiße oder kräftig rosafarbene Blüten erscheinen als kleine Sterne Ende August und blühen bis zum Frost.
Anspruch und Pflege: Sonnig. Nährstoffreiche, frische Böden. Im späten Herbst um ein Drittel kürzen für kompakten Wuchs und Blütenbildung. Kompostgabe erhöht die Langlebigkeit.
Verwendung: Als Gruppe oder Drift, für jedes Herbstbeet

PFLANZEN AUSSUCHEN Aus der Fülle das Richtige finden

KNÄUEL-GLOCKENBLUME
(*Campanula glomerata*)
Aussehen: In einem dichten Knäuel viele glockenförmige Blüten in Weiß oder Blau von Juni bis September. Die Stängel sind rau, 30 bis 60 cm hoch.

BERGENIE
(*Bergenia*-Cultivars)
Aussehen: Immer- bis wintergrüne Blattschmuckstaude. Blüten in Weiß, Rosa, Lila, Rot von April bis Mai.
Anspruch und Pflege: Alle Boden- und Lichtverhältnisse, frostfest, freuen sich über eine Kompostgabe. Absolut pflegeleicht und zuverlässig. Schnitt dicht über dem Boden hilft gegen Verkahlen.
Verwendung: An den Ecken eines Beetes oder als Drift, schon im Winter, zu allen filigranen Pflanzen, als Unterpflanzung vor Gehölzen

Anspruch und Pflege: Sonnig. Auf nährstoffreichem, kalkhaltigem und mäßig feuchtem Boden. Liebt Wärme.
Verwendung: Im sonnigen Staudenbeet, im Steingarten oder im lichten Schatten. Je nach Höhe als Gruppe oder Randbepflanzung.

SILBERKERZE
(*Cimicifuga*)
Aussehen: Kann je nach Sorte und Art 60 cm bis 2 m hoch werden. Über filigranem Laub erheben sich duftende, weiße oder rosa Blütenkerzen.
Anspruch und Pflege: Halbschattig. Nährstoffreiche, frische, humose Böden, eher kühl. Pflanze ist erst nach zwei bis drei Jahren voll entwickelt. Auf gute Wasserversorgung achten.
Verwendung: Wertvolle Hintergrundstaude für schattige Partien. Besonders effektvoll sind Silberkerzen mit dunklem Laub (*C. simplex* 'Brunette' und *C. ramosa* 'Pink Spike').

DIPTAM
(Dictamnus albus)
Aussehen: Dunkelgrüne, glänzende, gefiederte Blätter. Rosa oder weiße, filigrane Blüten von Juni bis Juli. Duften herb-aromatisch.
Anspruch und Pflege: Kalkhaltiger Boden, sonnig oder lichtschattig. Liebt Wärme und Trockenheit.

KLEINE STAUDEN-CLEMATIS
(Clematis integrifolia)
Aussehen: Strauchiger Busch, der eine Stütze oder Bogen braucht. Klettert nicht, blüht überreich mit kleinen glockenartigen Blüten von Juli bis September. Je nach Sorte bis zu 1,50 m hoch.
Anspruch und Pflege: Absolut winterhart, robust und gesund. Verblühtes regelmäßig zurückschneiden. Im November auf ca. 30 cm abschneiden, treibt zuverlässig im Frühjahr wieder aus.
Verwendung: Als Solitär im Beet, in Einzel- oder Gruppenstellung vor Gehölzen oder als Abgrenzung und Sichtschutz

Verwendung: Als Einzelstellung oder in Gruppen mit Storchschnabel und Gold-Oregano, mit niedrigen Gräsern vor einer sonnigen Hauswand

KUGELDISTEL
(Echinops spec.)
Aussehen: Horstige Gruppen mit kugeligen, stahlblauen Blüten von Juli bis September über grauem, gesägten Laub
Anspruch und Pflege: Volle Sonne. Keine Staunässe, auch keine schweren Böden. Wird von Schnecken verschmäht. Horste lassen sich durch Abstechen im Herbst gut vermehren.
Verwendung: Für warme, sonnige Rabatten, Kiesbeete. In kleinen Gruppen sehr schmückend, beliebtes Bienen- und Hummelfutter.

PFLANZEN AUSSUCHEN — Aus der Fülle das Richtige finden

BRONZE-FENCHEL
(*Foeniculum vulgare* 'Rubrum')
Aussehen: Bronzefarbenes, aromatisches, gefiedertes Laub. Treibt keine Knollen, wächst rasch zu einer stattlichen Pflanze heran. Gelbe Blüten von Juli bis September.
Anspruch und Pflege: Sonnig, auf nährstoffreichen Böden, wärmeliebend, keine Staunässe
Verwendung: Zwei oder drei Pflanzen machen jedes Staudenbeet interessant. Kombiniert sich gut mit Blütenpflanzen wie Taglilien, Sonnenbraut oder Rosen.

STORCHSCHNABEL
(*Geranium*)
Aussehen: Polster von 15 cm Höhe oder Horste, die bis zu 80 cm hoch und bis zu 50 cm breit werden können. Blätter im Herbst in zierenden Rottönen. Bläuliche Blüten im Sommer.

Anspruch und Pflege: Sonnig bis halbschattig. Regelmäßige Feuchtigkeit hält die Büsche aufrecht, Trockenheit wird aber gut vertragen. Nach der Blüte um ein Drittel zurückschneiden.
Verwendung: Problemlose Alleskönner, als Drift und Gruppe im Beet, als Randbepflanzung, am Gehölzrand

SONNENBRAUT
(*Helenium*)
Aussehen: Bis zu 1,60 m hoch. Blüht reich und lange in fröhlichen Gelb- und Orangetönen von Juli bis September.
Anspruch und Pflege: Lehmig-humose, nährstoffreiche Böden in voller Sonne. Völliger Rückschnitt nach der Blüte fördert die Vitalität.
Verwendung: Im Hintergrund des Staudenbeetes, als Randbepflanzung und Sichtschutz, als Einzelbepflanzung im Vorgarten. Gut zum Kombinieren mit Gräsern, vor Immergrünen.

TAGLILIEN
(*Hemerocallis*-Cultivars)
Aussehen: Schmale Blätter, meist Anfang Juli erscheinen oft mehrknospige Blüten auf langen Stielen. Jede Blüte blüht zwar nur 24 Stunden, doch ständig öffnen sich neue.

CHRISTROSE
(*Helleborus niger*)
Aussehen: Ledrige Blätter. Glockenartige Blüten in Weiß von Ende Februar bis April. 25 bis 30 cm hoch.
Anspruch und Pflege: Im Halbschatten. Einmal im Garten etabliert, gedeiht sie gut ohne zu wuchern. Guter Gartenboden und Kompostgaben. Vermehrung durch Aussaat und Teilung.
Verwendung: Im Staudenbeet oder als Randbepflanzung, vor Gehölzen, zusammen mit Rhododendren oder Azaleen. Giftig!

Anspruch und Pflege: In normalem Gartenboden. Eine Düngung im zeitigen Frühjahr mit Kompost oder einem phosphor- und kalibetonten Dünger stärkt die Pflanzen.
Verwendung: Alleskönner, als Gruppe im Beet, am Gehölzrand in absonniger Lage, als Drift oder im Kübel, als Einfassung einer Rasenfläche

NACHTVIOLE
(*Hesperis matronalis*)
Aussehen: Lockere Büsche bis zu 70 cm hoch. Mit vielen kleinen duftenden Blüten in Lila von Mai bis Juli, duften abends. Sorte 'Alba' mit weißen Blüten.
Anspruch und Pflege: Sonnig. Gute Wasserversorgung. Wandert im Beet, sät sich selbst aus.
Verwendung: Im Hintergrund eines Staudenbeetes oder vor Gehölzen gepflanzt, verströmen sie in der Dämmerung einen intensiven Duft.

PFLANZEN AUSSUCHEN Aus der Fülle das Richtige finden

SCHLEIFENBLUME
(Iberis sempervirens)
Aussehen: Immergrüner, niedriger Frühlingsblüher mit schneeweißen Blüten von April bis Juni
Anspruch und Pflege: Sonnig. Durchlässiger, kalkreicher eher leichter Gartenboden. Alle zwei Jahre ist ein Rückschnitt um ein Drittel empfehlenswert, das verhindert das Verkahlen der Mitte.
Verwendung: Als Polsterstaude im Steingarten, als Einfassung oder an der Trockenmauer

SCHWERTLILIE
(Iris barbata-elatior)
Aussehen: Ab Mitte Mai zeigen sich große Blüten mit aufrechtem Dom und fallenden Hängeblättern mit Bart. Graugrünes Laub, 80 bis 90 cm hoch

Anspruch und Pflege: Sonnig. Leichte Böden, die mit einem Stickstoffdünger versorgt wurden. Lässt die Blüte nach, verjüngt man die Horste: Die Rhizome teilen, flach wieder einsetzen, zu tiefes Pflanzen verhindert die Blüte.
Verwendung: Auffallend, als Gruppe, im Beet mit Gräsern oder Mohn

FUNKIE
(Hosta-Cultivars)
Aussehen: Blattschmuckstauden mit zierenden gewellten, weiß-umrandeten, schmalblättrigen oder metallisch-bläulichen Blättern. Große Sortenvielfalt. Glockenförmige, weiße oder hell-lila Blüten auf langen Stängeln von Juli bis August.
Anspruch und Pflege: Halbschattig. Austrieb vor Schnecken schützen.
Verwendung: Gemischte Hostagruppen, große Sorten als Solitär, mit Astilben und Phlox, als Beeteinfassung

GOLD-FELBERICH
(Lysimachia punctata)
Aussehen: Aufrecht buschig, 60 bis 80 cm hoch. Gelbe Blütenquirle von Juni bis September.
Anspruch und Pflege: Sonnig. In jedem Gartenboden. Im Schatten blüht er nicht ganz so üppig.

LAVENDEL
(Lavandula angustifolia)
Aussehen: Große Horste mit zart schmalblättrigem, silbergrauem Laub, 40 bis 60 cm hoch. Tiefblaue Blüten von Juli bis August.
Anspruch und Pflege: Auf magerem, leichtem Boden in voller Sonne. Ein moderater Rückschnitt nach der Blüte verhindert, dass die Büsche sparrig wachsen. Ein zweiter Rückschnitt sollte erst nach dem Frost erfolgen.
Verwendung: Im Kiesbeet, auf Trockenmauern, als Begleiter für Rosen oder in Kombination mit Frauenmantel.

Horste immer wieder teilen, sonst breitet sich die Pflanze zu stark aus.
Verwendung: Alleskönner, für Drifts im Beet, hellt den Gehölzrand auf, sieht am Teichrand gut aus

KATZENMINZE
(Nepeta x faassenii)
Aussehen: Kompakt buschig, bis 35 cm hoch. Blaue, violette oder weiße feine Blüten von Juni bis September.
Anspruch und Pflege: Sonnig. Keine hohen Nährstoffansprüche. Beherzter Rückschnitt nach dem ersten Flor sorgt für Nachblüte.
Verwendung: Vielseitig und pflegeleicht für Steingärten, Hänge, Trockenmauern und Einfassungen. Unkomplizierter Dauerblüher, auch bei Katzen beliebt.

PFLANZEN AUSSUCHEN
Aus der Fülle das Richtige finden

STAUDEN-PHLOX
(*Phlox paniculata*)
Aussehen: 80 cm bis 1,50 m hoch, horstig. Blüten von Juli bis Oktober in Weiß, Pink, Rot, Violett, auch mehrfarbig.
Anspruch und Pflege: Sonnig bis halbschattig. Sandig-humose,

frische Böden mit hohem Nährstoffgehalt, regelmäßig Wässern im Sommer. Hohe Blütentriebe bei Bedarf stutzen.
Verwendung: Vom Beet bis zum Gehölzrand: Phlox ist unentbehrlich und robust.

PFINGSTROSE
(*Paeonia* spec.)
Aussehen: Schöne, breite Büsche mit kräftigem, dunkelgrünem Laub. Ab Mitte Mai große, gefüllte oder einfache Blüten mit spektakulären Staubgefäßen.
Anspruch und Pflege: Die Wurzelknollen 3 cm tief in die Erde stecken. Nach dem Pflanzen oder Umpflanzen dauert es meist drei Jahre bis zur Blüte. Im Frühling mit Kompost oder einem Volldünger versorgen.
Verwendung: Als Solitär oder in einer Gruppe verwenden, die pro Pflanze einen Platz von 1 m x 1 m braucht.

FETTHENNE
(*Sedum telephium*)
Aussehen: Dicke, fleischige Blätter mit langen Blütenstängeln von Juli bis September, meist rosafarbene Blüten
Anspruch und Pflege: Sonnig. Jeder Gartenboden. Der Spross wird erst im zeitigen Frühling zurückgeschnitten. Vermehrung durch Teilung.
Verwendung: Strukturbildner im Beet, anspruchslose Staude, an trockenen Plätzen vor Mauern oder im Kiesbeet

KRÖTENLILIE
(Tricyrtis-Hybride)
Aussehen: Bis 80 cm hoch, filigranes Laub, lockerer Wuchs, orchideenartige weiße Blüten mit purpurnen Punkten von September bis Oktober

DREIMASTERBLUME
(Tradescantia x andersoniana)
Aussehen: Über schilfartigem Laub erscheinen von Juni bis August leuchtende blaue, weiße oder pinkfarbene Dreiblätter. Stattliche Staude mit 40 bis 60 cm Höhe.
Anspruch und Pflege: Sonnig. Völlig anspruchslos, robust und winterhart.
Verwendung: Als Gruppenpflanzung im Staudenbeet, am Gehölzrand oder in Einzelstellung. Hübsch am Rand von Teichen.

Anspruch und Pflege: Halbschattig oder schattig. Guter Gartenboden und ab und zu eine Kompostgabe lässt die Krötenlilie gut gedeihen. An heißen Tagen gießen.
Verwendung: Als Gruppe im Schattenbeet wirken die Krötenlilien besonders. Winterhart und absolut zuverlässig.

PALMLILIE
(Yucca filamentosa)
Aussehen: Über einem blaugrünen Blattschopf aus harten, scharfkantigen Blättern erscheint eine hohe Blütenrispe, die glockige Blüten in Creme trägt und bis zu 1,70 m Höhe erreichen kann.
Anspruch und Pflege: Volle Sonne, magerer, kalkhaltiger Boden
Verwendung: Als Solitär im Kiesbeet oder im Staudenbeet, bringt mediterranes Flair in den Garten, große Fernwirkung

PFLANZEN AUSSUCHEN — Aus der Fülle das Richtige finden

DEM HIMMEL ENTGEGEN: KLETTERER

KLETTERNDE PFLANZEN erobern den Luftraum und erweitern den Garten bis ins Himmelsblau! Eine Mauer, eine Pergola, ein alter Obstbaum: Alle eignen sich als Rankhilfen für die blühenden oder immergrünen Kletterer. Rosenbögen, Gitter und Obelisken bekommt man im Fachhandel.

KLETTERROSEN

Kletterrosen werden einmalblühend oder öfterblühend angeboten. Sie werden 3,50 bis 6 m hoch. Für kleine Gärten gibt es auch Kletterrosen, die nicht so groß werden, doch ebenso üppig und öfter blühen. Englische Rosen erhält man auch als Kletterrosen, sie eignen sich mit 2 bis 2,50 m Endgröße sehr gut für den kleinen Garten.

CLEMATIS

Gesellt man zu Kletterrosen eine Waldrebe *(Clematis)* wird die Zeit der Blüte verlängert. Im pflegeleichten Garten empfiehlt sich die Berg-Waldrebe *(Clematis montana)*, die durch ihre Wüchsigkeit und Robustheit besticht und früh im Jahr blüht. Staunässe vertragen alle Clematis-Sorten nicht. Sie stehen gerne mit den Füßen im Schatten, wie auch die Gewöhnliche Waldrebe *(Clematis vitalba)*. Daher ist eine 30 cm hohe Unterpflanzung mit Sommerblumen wichtig.

WILDER WEIN

Er versteckt langweilige Mauern oder architektonische Fehler und befeuert den Herbst mit kräftigem Rot. Das Laub sollte wegen der Gerbsäure nicht auf den Kompost. Ganze Gebäude können mühelos von ihm eingehüllt werden. Die Trugdolden der Blüten werden gerne von Bienen und Wespen aufgesucht. Mit den Füßchen (Haftscheiben), die ihm den mühelosen Aufstieg ermöglichen, hält der Wilde Wein sich an Putz und Fensterrahmen fest. Man sollte beachten, dass die Haftscheiben nur schwer oder gar nicht zu entfernen sind. Da er sehr wüchsig ist, müssen Dachrinnen und Fenster regelmäßig freigeschnitten werden. Seine Herbstfärbung entschädigt für seine hartnäckige Kletterkunst.

EFEU

Hässliche und selbst dunkelste Ecken überwuchert Efeu gnädig. Er ist wintergrün und versteckt somit zuverlässig alles übers ganze Jahr. Bevor man die Kletterpflanze als zu langweilig ablehnt, sollte man sich die panaschierten Sorten ansehen. Efeu ist dem Gärtner des pflegeleichten Gartens auch als Unterpflanzung unter Bäumen und Sträuchern willkommen, die keine anderen Pflanzen dulden. Mit seinem dichten Blattgeflecht hält er (fast) jedes Unkraut zurück.

> **EINJÄHRIGE ODER ZWEIJÄHRIGE KLETTERER?**
>
> **Einjährig:** Schönranke, Prunkwinde, Feuerbohne, Duft-Wicke, Schwarzäugige Susanne, Kapuzinerkresse
> **Zweijährig:** Glockenrebe, Strahlengriffel, Akebie, Pfeifenwinde, Trompetenblume, Clematis, Knöterich, Efeu, Hopfen, Kletter-Hortensie, Winter-Jasmin, Geißblatt, Wilder Wein

(1) Kletterer mit Herz Pfeifenwinde mit dekorativen Blättern

(2) Robuste Schönheit Berg-Waldrebe mit großem Blütenflor

(3) Frühe Blüten Winter-Jasmin blüht bereits ab Dezember, noch vor dem Laub

(4) Wuchsfreudig Der Schling-Knöterich berankt zuverlässig Zäune, Pergolen, Mauern

(5) Herbstfeuer Wilder Wein beeindruckt mit seiner Laubfärbung im Herbst

PFLANZEN AUSSUCHEN Aus der Fülle das Richtige finden

KLETTERPFLANZEN IM ÜBERBLICK

PFLANZE	EIGENSCHAFTEN
Großblättrige Pfeifenwinde (*Aristolochia macrophylla*)	6 bis 9 m hoch wachsend, starkwüchsiger Schlingstrauch. Auffallend große, herzförmige Blätter, kleine kannenartige Blüten von Juni bis Juli. Sonnig bis schattig, braucht nahrhafte Erde, ist anpassungsfähig, geeignet für Stadtklima, frosthart.
Berg-Waldrebe (*Clematis montana*)	Die Sorte 'Grandiflora' wird 5 bis 8 m hoch, kräftiger Wuchs. Reinweiße, große Blüten erscheinen von Mai bis Juni. Anspruchslose Pflanze, kein Schnitt erforderlich, empfindlich gegen Staunässe.
Glockenrebe (*Cobaea scandens*)	Mehrjährige Kletterpflanze, die im Keller überwintert werden kann. Benötigt eine stabile Kletterhilfe, wird bis zu 4 m hoch. Sonniger oder lichtschattiger und nährstoffreicher Standort. Zu viel Dünger macht die Pflanze blühfaul. Trockenheit und Staunässe sind zu vermeiden.
Schling-Knöterich (*Fallopia aubertii*)	8 bis 15 m hoch, stark, dicht-buschig wachsend. Schlingt sich über Rankhilfen, Pergolen, Zäune und Mauern. Blätter sind frischgrün, im Herbst gelb bis gelbbraun. Blüten an aufrechten weißen Rispen, erscheinen ab August bis Anfang Oktober. Rückschnitt fördert Blütenbildung. Nimmt jeden Gartenboden, ist robust und winterhart.
Gewöhnlicher Efeu (*Hedera helix*)	Klettert bis zu 20 m hoch oder bedeckt flach ausgebreitet den Boden. Immergrün. Blüten und Früchte treten erst in der Altersphase auf. Braucht mäßig feuchte, nährstoffreiche, alkalische Böden, ist stadtklimafest. Giftig. Gelbbunter Efeu 'Goldheart' klettert an Haftwurzeln bis 5 m hoch, besticht durch seine ungleichmäßig hellgelb gefärbten Blätter. Hat dieselben Ansprüche wie die reine Art.
Kletter-Hortensie (*Hydrangea petiolaris*)	Bis zu 10 m hoch kletternd, wächst langsam, braucht trotz Haftwurzeln eine Rankhilfe. In frischen, humosen, durchlässigen, sauren Boden pflanzen. Einmal etabliert, ist die Kletter-Hortensie sehr robust und langlebig. Hübsche, weiße Blüten von Juni bis Juli. Im Herbst strahlt das Laub in einem unglaublichen Gelb.
Prunkwinde (*Ipomoea tricolor*)	Einjährige Schlingpflanze, blüht morgens auf, himmelblaue Blüten mit weißem Schlund. Braucht einen sonnigen, windgeschützten Platz. Will Feuchtigkeit und wöchentliche Düngergaben. Wird 2 bis 3 m hoch.
Winter-Jasmin (*Jasminum nudiflorum*)	Bis 3 m hoch, braucht Kletterhilfe. Völlig problemloser Strauch, kann sonnig oder halbschattig wachsen. Die zarten, gelben Blüten erscheinen je nach Witterung von Dezember bis April. Frosthart, stadtklimafest
Wilder Wein (*Parthenocissus tricuspidata* 'Veitchii')	8 bis 12 m hoch. Klettert ohne Hilfe, haftet auch an glatten Wänden. Blatt im Austrieb rötlich braun, dann glänzend dunkelgrün, zeigt eine herrliche Herbstfärbung. Blüte mit kleinen gelblich grünen Trugdolden. Schwarze Beeren. Gedeiht auf allen Böden, ist frosthart und für städtisches Klima geeignet.
Ramblerrose 'Bobbie James'	Bis 9 m hoch, einmalblühend, ungefüllte, weiße Blüten im Juni, die an großen Dolden angeordnet sind, intensiver Duft. Winterhart, robust, gesund. Die ungefüllten Blüten locken Bienen und Hummeln in Scharen an.

Himmlischer Duft: Ramblerrose "Bobbie James"

HORTENSIEN-RAUSCH

MIT HORTENSIEN HAT MAN EINEN LANGEN SOMMER FREUDE! Kombiniert man unterschiedliche Sorten und Arten, blüht es lange im Garten. Hortensien können, obwohl sie aus einer Familie kommen, sehr unterschiedlich aussehen. Das macht sie für den Garten so interessant und wichtig. Bereitet man den Boden gut vor, indem man dafür sorgt, dass er humos und durchlässig ist, und legt das Hortensienbeet im lichten Schatten an, sollte einem Hortensienrausch auch im pflegeleichten Garten nichts mehr im Wege stehen.

HORTENSIEN LIEBEN FEUCHTIGKEIT

Ihr lateinischer Name ist Programm: *Hydrangea* setzt sich aus dem griechischen hýdor = Wasser und angeion = Gefäß zusammen. Trockenheit wird von Hortensien überhaupt nicht vertragen. Das hört sich jedoch schwieriger an, als es ist. Der Platz im lichten Schatten, vor Gehölzen oder an der Nordseite des Hauses und eine Abdeckung des Bodens mit einer leichten Mulchschicht, sorgen dafür, dass der „Fuß" der Pflanze kühl und frisch bleibt.

Nur bei sehr langer und großer Hitze ist eine Kanne Wasser, direkt in den Wurzelbereich, nötig. Die Hortensie zeigt sofort, wenn sie Wasser braucht, die Blätter und Blüten lassen in der Spannung nach und hängen müde herab. Ab August sollte nicht mehr gedüngt und die Wasserzufuhr reduziert werden, denn der Strauch braucht eine gewisse Abhärtung für den Winter.

RÜCKSCHNITT-REGELN

Bei Bauern-Hortensien wird lediglich der trockene Blütenstand entfernt, denn am Stängel haben sich bereits dicke, neue Knospen für die kommende Blüte gebildet. Klug ist es, die Hortensien erst im Frühling zu schneiden, wenn kein starker Frost mehr zu erwarten ist. Die großen Blütenbälle sind auch im abgeblühten Zustand sehr dekorativ, ebenso bei der Eichenblatt-Hortensie. Der späte Pflegeschnitt schützt die Pflanze vor dem Zurückfrieren, was in harten Wintern doch vorkommen kann. Die Pflanzen erholen sich meist noch im selben Jahr und blühen nach einer Gabe mit stickstoffbetontem Dünger im Frühsommer willig.

Rispen-Hortensien werden dagegen auf ein Drittel der Pflanze zurückgeschnitten, das erhält ihre Blühfreudigkeit.

Die Eichenblatt-Hortensie und die Kletter-Hortensie mögen einen eher zurückhaltenden Rückschnitt, es genügt, Verblühtes abzuscheiden. Bei der Eichenblatt-Hortensie, die im Alter sparrig wächst, kann ein vorsichtiger Formschnitt nötig werden.

> **LANGLEBIGE GARTENBEWOHNER!**
>
> Fühlen sich Hortensien am Platz wohl und werden sie gut mit Wasser sowie Dünger (Hortensienspezialdünger im zeitigen Frühjahr) versorgt, können sie mehr als 20 Jahre am Platz bleiben und schmücken. Das wiederum bestätigt ihre Wichtigkeit für den pflegeleichten Garten.

PFLANZEN AUSSUCHEN — Aus der Fülle das Richtige finden

WUCHS- UND BLÜTENFORMEN

Man unterscheidet Ball-Hortensien *(Hydrangea aborescens)*, Samt-Hortensien *(Hydrangea aspera)*, Bauern-Hortensien *(Hydrangea macrophylla)*, Rispen-Hortensien *(Hydrangea paniculata)*, Kletter-Hortensien *(Hydrangea petiolaris)* und Eichenblatt-Hortensien *(Hydrangea quercifolia)*. Manche bringen große, ballförmige Blüten hervor. Andere, wie die Teller-Hortensie *(H. serrata)*, zeigen eine flache Schirmblüte mit sterilen Randblüten. Die fruchtbaren Blüten sind sternförmig, klein in der Mitte des Tellers angeordnet und zeigen ein wunderbares Farbspiel. Auch das Laub der Hortensien kann nach Sorte und Standort sehr in der Farbe variieren: Von kräftig grün über mattgrün und rot überlaufen bis zu breiten, eiförmig gelblich grünen Blättern gibt es viele Variationen. Das macht den Strauch auch in der blütenlosen Zeit so unverzichtbar. Viele der Hortensien färben im Herbst ihr Laub kräftig! Vor einer immergrünen Gehölzgruppe ist diese Wirkung besonders intensiv!

GUT KOMBINIERT

Pflanzt man Hortensien als Gruppe vor Immergrüne, kann die Rispen-Hortensie auch im etwas sonnigeren Randbereich wachsen. Ihre weißen oder cremefarbenen Rispen kühlen die kräftigen Farben wunderbar ab, auch die eher zierliche Form belebt eine Gruppe sehr. Die kräftigen Pink- und Rosatöne kommen viel besser zur Geltung, wenn Weiß in der Nähe blüht.

HORTENSIEN-STECKBRIEF

NAME	HÖHE	BLÜTE	BLÜTEZEIT	BLÄTTER
Ball-Hortensie *(Hydrangea aborescens)*	1 bis 1,50 m	Große, halbkugelige Dolden, gelblich weiß, 18 bis 20 cm im Durchmesser	Juli bis September	Eiförmig, groß, frischgrün, gelbe Herbstfärbung
Samt-Hortensie *(Hydrangea aspera)*	Bis 2,50 m	Flache Trugdolden, rosaviolett, weiße Randblüten	Juli bis August	Breit eiförmig, mittelgrün, samtig behaart, untere Blattseite dicht weißlich behaart
Bauern-Hortensie *(Hydrangea macrophylla)*	60 cm bis 1,30 m	Rosa bis blau, ballförmig, groß, oder flache zartlila Schirmblüte	Juni bis September	Breit, eiförmig, kräftig grün
Rispen-Hortensie *(Hydrangea paniculata)*	2 bis 3 m	25 cm lange, kegelförmige, weiße Rispen	Juli bis September	Eiförmig zugespitzt, mattgrün, rau
Kletter-Hortensie *(Hydrangea petiolaris)*	Bis zu 12 m	Flache, weiße Trugdolden mit größeren weißen Randblättern	Juni bis Juli	Breit, eiförmig bis rundlich zugespitzt, dunkelgrün, glänzend, gelbe Herbstfärbung
Eichenblatt-Hortensie *(Hydrangea quercifolia)*	Bis 2 m	Weiße bis gelblich grüne, große, lockere Rispen	Juli bis September	Eichblattähnlich gelappt, graugrün, Herbstfärbung in Orangerot

(1) **Samt-Hortensien** wirken gut im Hintergrund.

(2) **Die flachen Blüten** der Teller-Hortensie haben innen hübsche, sternförmige Blüten.

(3) **Ball-Hortensien** wirken als Gruppe gut. Je nach Bodenbeschaffenheit ändert sich die Farbe der Blüten.

(4) **Rispen-Hortensien** vertragen auch Sonne. Die cremefarbenen Rispen sind oft rosa überhaucht.

(5) **Kletter-Hortensien** schmücken Zäune und Mauern. Die rahmweißen Dolden blühen lange.

(6) **Eichblättrige Hortensien** fallen mit großen weißen Dolden auf.

PFLANZEN AUSSUCHEN Aus der Fülle das Richtige finden

GEHÖLZE MIT LAUB UND NADELN

KUPFER-FELSENBIRNE
(Amelanchier lamarckii)
Aussehen: Bis zu 6 m hoch, locker aufrecht. Überreiche weiße Blütentrauben von April bis Mai. Spektakuläre Herbstfärbung der Blätter. Rote, später blauschwarze Beeren von Juli bis August.

AZALEEN
(Azalea hybrida), (Azalea pontica)
Aussehen: Kleine bis mittlere Sträucher, aufrecht und locker. Vor den sommergrünen Blättern erscheinen ab Ende Mai Blüten in kräftigem Rosa, Rot, Orangerot sowie in vielen Gelb- und Cremetönen. Je nach Sorte 50 cm bis 2,50 m hoch.
Anspruch und Pflege: Verlässlich frosthart. Saure bis leicht alkalische Böden. Erdreich mit Rindenmulch abdecken. Kein Schnitt.
Verwendung: In Gruppen, zusammen mit Rhododendron, für Moorbeete, vor immergrünen Gehölzen

Anspruch und Pflege: Sonnig bis halbschattig. Durchschnittliche Gartenböden, stadtklimafest, Schnitt nicht empfehlenswert
Verwendung: Im Hintergrund, in Gruppen, in Einzelstellung, Großstrauch, der durch seinen lockeren Wuchs gefällt

JAPANISCHE ZIERQUITTE
(Chaenomeles japonica)
Aussehen: Kleinstrauch 1 bis 1,50 m hoch und breit. Wächst sparrig, breit, junge Triebe sind stachelig. Hübsche kräftig rote Blüten im Juni. Gelbliche, essbare Früchte im September/Oktober, duftend.
Anspruch und Pflege: Sonnig bis halbschattig. Sehr bodentolerant, bevorzugt aber frische, feuchte Böden, verträgt auch Trockenperioden. Ältere Pflanzen nicht mehr stark zurückschneiden.
Verwendung: In kleinen Gruppen mit Gräsern oder als Einzelpflanzung

CHINESISCHER BLUMEN-HARTRIEGEL
(*Cornus kousa* var. *chinensis*)
Aussehen: Stattlicher Großstrauch mit 5 bis 7 m Höhe. Wächst breit, unregelmäßig, trichterförmig, Äste überhängend. Weiße, große vierblättrige Blüten, die überreich im Juni erscheinen.

Anspruch und Pflege: Sonnig bis halbschattig. Ist mit normalem Gartenboden zufrieden, der gut mit Feuchtigkeit versorgt wird. Sehr langlebig und robust.
Verwendung: Sehr schöner Großstrauch für Solitärstellung im Garten

HOHER BLASENSTRAUCH
(*Colutea arborescens*)
Aussehen: Strauch mit straffen, aufrechten Hauptästen und überhängenden Zweigen. Gelbe bis braune Herbstfärbung. Vielblütige Trugdolden von April bis Mai, zeitgleich blasig papierartige dekorative Hülsenfrüchte.
Anspruch und Pflege: Nicht anspruchsvoll, bodentolerant, frost-, wind- und stadtklimafest, Schnitt ist nicht empfehlenswert
Verwendung: In gemischten Hecken, für Windschutzpflanzungen, in kleinen Gruppen

GEWÖHNLICHES PFAFFENHÜTCHEN
(*Euonymus europaeus*)
Aussehen: Großstrauch bis 4 m hoch, wächst langsam, dekorative korallenrote Früchte im Herbst, leuchtend gelbe Herbstfärbung. Blätter und Früchte sind sehr giftig!
Anspruch und Pflege: Sonnig bis halbschattig, lockerer, normaler Boden mit guter Feuchtigkeit. Das Pfaffenhütchen ist windfest, frostfest, verträgt auch gut Trockenperioden.
Verwendung: In einer gemischten Hecke, in Einzelstellung vor Immergrünen, nach Laubfall sind die zierenden Früchte besonders gut zu sehen

PFLANZEN AUSSUCHEN Aus der Fülle das Richtige finden

GARTEN-EIBISCH
(Hibiscus syriacus)
Aussehen: Locker wachsender, aufrechter Strauch, 1,50 bis 2,50 m hoch. Spektakuläre große Blüten in Weiß, Rosa, Rot, Lila, Blau von Juni bis September, ungefüllt oder gefüllt, von einfarbig über dunkel gezeichnete Herzen.

Anspruch und Pflege: Sonnig. Nährstoffreiche, lehmhaltige Erde erforderlich. In der Jugend in rauen Lagen etwas Winterschutz geben. Moderater Rückschnitt fördert die Blüte.
Verwendung: Im Vordergrund vor Immergrünen, als Einzelstellung im Beet, als Gruppe sehr dekorativ

ZAUBERNUSS
(Hamamelis x intermedia)
Aussehen: Sparrig und langsam wachsender Strauch, 2 bis 4 m hoch. Zarte, gelbe oder orangerote Blüten von Februar bis April.
Anspruch und Pflege: Sonnig bis halbschattig, jeder normale Gartenboden. Möglichst nicht schneiden. Steht gerne etwas windgeschützt.
Verwendung: Als Einzelstrauch im Staudenbeet, im Rasen, vor Gehölzen, besonders schön im Eingangsbereich, vor Immergrünen. Wertvoll durch seine Blüte im Winter.

STECHPALME ALASKA
(Ilex aquifolium 'Alaska')
Aussehen: Großstrauch, wächst schmal in Pyramidenform, aufrecht. Blätter in glänzendem Dunkelgrün mit hartem, gezacktem Rand. Kleine weiße Blüten im Mai/Juni. Sehr zierende rote, runde Beeren im Herbst. Giftig.
Anspruch und Pflege: Sonnig bis halbschattig. Humose, durchlässige Böden, schnittverträglich. Sehr frosthart.
Verwendung: Im Hintergrund, als Solitär für größere Gärten, in gemischten Gruppen, als ganzjähriger Sichtschutz, zusammen mit anderen Immergrünen

TULPEN-MAGNOLIE
(Magnolia x soulangeana)
Aussehen: Bis zu 6 m hoch. Lockerer Wuchs, wächst breit, aufrecht. Blüten in Weißrosa von April bis Mai, vor dem Laub.
Anspruch und Pflege: Sonnig bis halbschattig. Durchlässige, humose, mäßig feuchte Erde.

KOLKWITZIE
(Kolkwitzia amabilis)
Aussehen: 3 bis 4 m in der Höhe und in der Breite. Die an Perlmutt erinnernden rosa Blüten erscheinen überreich im Juni.
Anspruch und Pflege: Sonnig bis halbschattig. Jeder durchschnittliche Gartenboden, erträgt auch Trockenperioden, ist frosthart und stadtklimafest.
Verwendung: In Einzelstellung in mittleren bis größeren Gärten, in Gehölzgruppen, zusammen mit Nadelgehölzen wie Säulen-Eiben.

Windgeschützt, nicht zu tief pflanzen. Verträgt nur vorsichtigen Rückschnitt im Sommer.
Verwendung: Als Mittelpunkt im Beet, in größeren Vorgärten wirkungsvoll als Solitär einzusetzen

BAUERN-JASMIN
(Philadelphus coronarius)
Aussehen: Aufrecht mit leicht überhängenden Zweigen, wächst schnell. Weiße, einfache oder gefüllte Blüten von Mai bis Juni, meist duftend.
Anspruch und Pflege: Sonnig bis halbschattig. Gleichmäßig feuchter und nährstoffreicher Boden. Jasmin ist frosthart und stadtklimafest, er sollte alle zwei bis drei Jahre ausgelichtet werden.
Verwendung: Unkompliziertes Blütengehölz, als Hecke, in kleinen Gruppen, in Kombination mit anderen Gehölzen

PFLANZEN AUSSUCHEN
Aus der Fülle das Richtige finden

RHODODENDRON IN SORTEN
(*Rhododendron*-Hybriden)
Aussehen: Immergrüner Strauch, 1 bis 3 m hoch, buschig bis kugelig. Außergewöhnlicher Blütenschmuck im Mai/Juni in Rosa oder Lilatönen, auch zartgelb bis kräftig gelb, ebenso in Weiß und Creme, auch mehrfarbig.
Anspruch und Pflege: Sandighumose, saure, feuchte Böden. Vertragen keinen Kalk. Verwelktes nach der Blüte zurückschneiden.
Verwendung: In Gruppen und einzeln, in Moorbeeten, im Hintergrund, als Sichtschutz, Strukturbildner in großen Gärten

SCHWARZER HOLUNDER
(*Sambucus nigra*)
Aussehen: Wird bis 5 m hoch mit kräftigen Grundästen, die sparrig wachsen, später überhängen. Im Juni erscheinen flache, weiße Trugdolden, später essbare, schwarze Früchte, die sehr vitaminreich sind und nur gekocht verzehrt werden sollten.

Anspruch und Pflege: Völlig problemlos. Liebt frischen, nicht zu trockenen Boden, ist anpassungsfähig. Er ist absolut frosthart, verträgt auch radikalen Rückschnitt.
Verwendung: In Gruppenstellung, in gemischten Hecken, vor immergrünen Gehölzen, auch in Einzelstellung

BRAUT-SPIERE
(*Spiraea arguta*)
Aussehen: Vielblütige, weiße Trugdolden duften von April bis Mai. Bis 1,70 m hoch und breit.
Anspruch und Pflege: Sonnig bis halbschattig. Alle Spiersträucher sind mit normalem Gartenboden zufrieden, vertragen auch gelegentliche Trockenheit. Alle zwei bis drei Jahre tut ihnen ein Auslichtungsschnitt gut.
Verwendung: In Gruppen, einzeln, als freie oder geschnittene Blütenhecken, vielseitig und anspruchslos

EIBE
(Taxus baccata)

Aussehen: Glänzend dunkelgrüne Nadeln, kleine, rote Früchte von März bis April. Je nach Sorte säulenartig, flach, breit-buschig ausladend oder gedrungen und dicht verzweigt. Alle Teile giftig.

PERLEN-FLIEDER
(Syringa x swegiflexa)

Aussehen: Eher zierlicher, aufrecht locker wachsender Strauch bis 4 m hoch. Große dunkelgrüne Blätter, die sich im Herbst gelblich färben. Dunkelrosa, bis 30 cm lange, hängende Blütenrispen im Juni/Juli.

Anspruch und Pflege: Sonnig. Anspruchslos. Rückschnitt wird vertragen, Entfernen der alten Blütenstände fördert die Blütenneubildung.

Verwendung: In Fliedergruppen, für den Vordergrund, vor Gehölze, in Einzelstellung, in Gruppenstellung in gemischten Gehölzgruppen

Anspruch und Pflege: Ausreichend feuchte, nährstoffreiche, durchlässige Böden. Lässt sich problemlos zurück- oder in Form schneiden.

Verwendung: Unkomplizierter Strukturbildner, ideal als Sichtschutz, frosthart und stadtklimafest, als Hecke

WOLLIGER SCHNEEBALL
(Viburnum lantana)

Aussehen: Mittelgroßer Strauch, bis zu 3,50 m hoch, dicht verzweigt und buschig, mit breiten, wolligen, mattgrünen Blättern, die sich im Herbst gelb bis rotbraun färben. Große schirmartige Blüten im Mai/Juni. Sehr zierende Früchte ab Spätsommer.

Anspruch und Pflege: Völlig bodentolerant, auch auf Sandböden. Keine Staunässe. Frosthart, Hitze und Trockenheit wird vertragen.

Verwendung: In Einzel- und Gruppenstellung, auch in gemischten Hecken

(1) Krokusse zaubern ein Blütenmeer in den Rasen. Ob man sich für nur eine Farbe oder eine bunte Mischung entscheidet, hängt von der Vorliebe des Gartenmenschen ab.

(2) Wildtulpen sind sehr robust, werden nicht höher als 25 bis 30 cm, vertragen auch Schnee- oder Graupelschauer, ohne Schaden zu nehmen und blühen über viele Jahre zuverlässig schon im März.

(3) Blütezeiten und Pflanztiefen von Zwiebelblumen von Januar bis August.

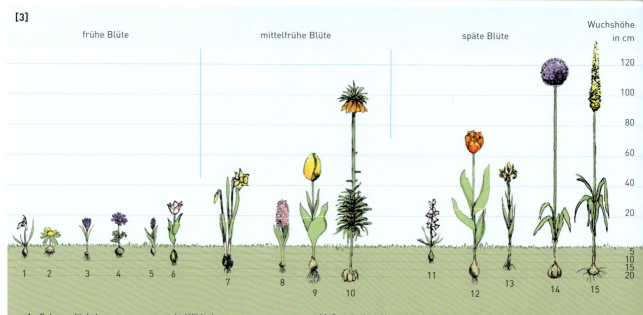

1 Schneeglöckchen
2 Winterling
3 Krokus
4 Strahlen-Anemone
5 Traubenhyazinthe
6 Wildtulpe
7 Narzisse
8 Hyazinthe
9 Tulpe (Darwin-Hybride)
10 Kaiserkrone
11 Spanisches Hasenglöckchen
12 Tulpe (langstielig)
13 Holländische Iris
14 Riesen-Lauch
15 Steppenkerze

Aus der Fülle das Richtige finden

PFLANZEN
AUSSUCHEN

ZWIEBELBLUMEN-ZAUBER

DEN FRÜHLING ERÖFFNEN Blumenzwiebeln eignen sich besonders zur Verwendung im pflegeleichten Garten. Damit kann der Gärtner Blühlücken auffüllen und ohne Aufwand eine herrliche Blütenfülle bis in den Frühsommer zaubern.

IM SOMMER GERNE TROCKEN
Für alle Zwiebeln gilt: Man pflanzt die Zwiebel doppelt so tief, wie die Knolle dick ist und sucht Plätze aus, die im Sommer nicht so stark gewässert werden müssen. Volle Sonne ist gut, die meisten Zwiebelpflanzen blühen aber auch zuverlässig im lichten Schatten und kommen dort besonders gut zur Geltung. Setzt man die Zwiebeln ab Ende September bis Ende Oktober in die Erde, wachsen sie noch gut an.

ERST NACH DEM VERWELKEN ABSCHNEIDEN
Das Laub der Zwiebelblumen wird erst nach dem Verwelken abgeschnitten – auch, wenn es etwas unansehlich aussieht. Über das Laub holt sich die Zwiebel Nährstoffe für das nächste Jahr. Im Staudenbeet ist das kein Problem: Inzwischen sind andere Stauden in die Höhe gewachsen und verdecken das braun gewordene Laub der Zwiebelpflanzen.

UNGLAUBLICHE AUSWAHL AN TULPEN
Tulpen eröffnen ein weites Gestaltungsfeld, je nach Sorte beginnt die Blüte schon im März und endet erst im Juni. Langstielige Tulpen eignen sich gut, um zwischen Polsterstauden oder niedrig wachsenden Gräsern wie Blau-Schwingeln Farbe und Schönheit zu zeigen. Eine unglaubliche Auswahl an neuen Züchtungen ist auf dem Markt: Sie zeigen gefranste, verzweigte, lilienartige und gefüllte Formen. Von monochromen bis zu verlaufenden, aquarellartigen Farbverläufen sind nicht zu zählende Kombinationen zu haben. Die Tulpensaison beginnt mit der frühen Seerosen-Tulpe *(Tulipa kaufmanniana)*. Sobald die ersten Sonnenstrahlen den Boden erwärmen, erscheinen diese niederen, kompakten, nur ca. 30 cm hohen, robusten Tulpen. Kein Schneeschauer kann sie stören. Aus Turkmenistan stammend, bringen sie diese Unempfindlichkeit immer noch mit.

Etwas später blühen die Fosteriana-Tulpen *(Tulipa fosteriana)* und die Greigii-Tulpen *(Tulipa greigii)*. Außergewöhnliche Leuchtkraft und teilweise kräftig gebändertes Laub machen diese Tulpen zu Gartenschätzen. Im Juni blüht die Zwerg-Stern-Tulpe *(Tulipa tarda)*. Eine kleine Wildtulpe, die sehr robust und blühwillig ist sowie weiße Blütenblätter mit einem kräftig gelben Schlund vorweist und duftet. 'Keizerskroon' ist seit 1750 in Kultur. Sie schmückt sich mit rotem Blütenblatt und gelbem Rand und duftet. Die mittleren Tulpen bringen es auf 50 bis 60 cm Höhe. Blaukissen oder die Polster der Schleifenblume können Bühne für den Auftritt sein. Die Sorte 'Orleans' in Elfenbein mit überhauchter, gelber Mittelzeichnung wirkt über Blau besonders fein. Unter der Tulpe 'Zurel', mit 55 cm Höhe und mit weißem kräftig dunkelviolett geflammten Blütenblatt, leuchtet das reinweiße Schleifenkraut besonders intensiv.

PFLANZEN AUSSUCHEN — Aus der Fülle das Richtige finden

ZWIEBELBLUMEN AUF EINEN BLICK

NAME	BLÜTE	ANSPRUCH/PFLEGE	PFLANZZEIT
Riesen-Lauch (*Allium giganteum*)	Je nach Sorte, zwischen 60 cm bis 1,50 m hoch. Große Blütenkugeln von Juni bis Juli.	Gartenboden gut gedüngt, Sommertrockenheit nötig	September bis Mitte November
Krokus (*Crocus* in Arten und Sorten)	Kelche, die fast stängellos austreiben, lila, weiß oder Gelbtöne, auch zweifarbig. Frühe Sorten blühen ab Februar, andere im März.	Gartenboden, Sommertrockenheit erforderlich, verwildert gerne	Anfang Oktober bis Mitte November
Winterling (*Eranthis hyemalis*)	Kleine 6-blättrige, goldgelbe Blüten ab Ende Februar	Gartenboden, volle Sonne, verwildert leicht	Anfang Oktober bis Mitte November (vor dem Pflanzen die Zwiebeln eine Nacht ins Gefrierfach legen)
Schneeglöckchen (*Galanthus nivalis*)	Weiß-grün, klein, glockenartig, je nach Temperatur schon ab Januar bis März	Gartenboden, in Tuffs pflanzen, nicht feucht im Sommer, verwildert	Anfang Oktober bis Mitte November
Hyazinthe (*Hyacinthus* in Arten und Sorten)	Blaue, weiße oder pinkfarbene große Dolden mit intensivem Duft, Blüte von Mai bis Juni	Gartenboden, Sommertrockenheit nötig	September bis Mitte November
Traubenhyazinthen (*Muscari armeniacum, aucheri, latifolium*)	Meist kräftig blaue, aufrechte Trauben, auch zweifarbig oder mit hellblauer Spitze. Blüht im März.	Gartenboden, vermehrt sich gut, Sommertrockenheit nötig	Anfang Oktober bis Mitte November
Narzisse (*Narcissus* in Arten und Sorten)	Auf einem ca. 35 bis 60 cm hohen Stängel. Gefüllte und ungefüllte Blüten, zweifarbig und duftend. Ende März bis Ende April.	Gartenboden mit Kompost versorgen, lichter Schatten wird gut vertragen	Ende September bis Mitte November
Scheinscilla (*Puschkinia*)	Kleine weiße Blütensterne hellblau überhaucht im März	Waldboden, unter Gehölzen, verwildert gut	Ende September bis Mitte November
Blaustern (*Scilla siberica*)	Strahlend blaue, locker aufgebaute Blütensterne im März	Unter Rasen, unter Gehölzen, Sonne oder lichter Schatten, verwildert gut	Ende September bis Mitte November
Tulpe (*Tulipa* in Arten und Sorten)	Auf Stängeln von 40 bis 60 cm Höhe erscheint eine kelchartige Blüte, von Weiß über Gelb bis ins tiefste Rot oder Orange. Auch zweifarbige Tulpen mit ungewöhnlichen Blütenblattformen. Blüte von April bis Ende Mai.	Gartenboden mit Kompost versorgen, möglichst Sommertrockenheit	September bis Mitte November

(1) Winterlinge sind die allerersten Frühlingsboten und verkraften auch einen Schneeschauer.

(2) Schneeglöckchen sollten in keinem Garten fehlen. Sie bilden gerne Filialen.

(3) Dichternarzisse Eine schöne, duftende Sorte unter der großen Vielfalt.

(4) Traubenhyazinthen können auch in den Rasen gepflanzt werden, genau wie Blausternchen. Noch vor dem ersten Rasenschnitt haben sie die Blätter wieder eingezogen.

(5) Hyazinthen verströmen einen betörenden Duft. Holt man eine davon ins Haus, füllt sie ein Zimmer mit ihrem Duft.

(6) Blausternchen verwildern gerne und verwandeln den Platz unter Bäumen in einen blauen Teppich. Sie wachsen gerne in Gesellschaft von Schneeglöckchen.

Gute Kombination: Beetrose 'Bonica 82' und Katzenminze

Aus der Fülle das Richtige finden

PFLANZEN
AUSSUCHEN

ROSENLEIDENSCHAFT

NIEMAND KANN SICH DER SCHÖNHEIT DIESER PFLANZEN VERSCHLIESSEN. Eine lange Blütezeit, manchmal mit Duft, die Gesundheit der Pflanzen sowie ihre romantische Anmutung, sind alles Argumente, die für die Verwendung von Rosen im pflegeleichten Garten sprechen. Die Kletterrosen wurden bei den Kletterern auf Seite 70 schon beschrieben, hier geht es um Beetrosen, Edelrosen, Strauchrosen und Zwergrosen.

GEPRÜFTE UND GESUNDE ROSEN
Rosen mit dem ADR-Siegel (Allgemeine Deutsche Rosen-Neuheitenprüfung) sind auf Zierwert und Widerstandsfähigkeit geprüft. Diese Pflanzen kommen ohne Pflanzenschutzmittelbehandlung aus, sind winterhart, wachsen zuverlässig und sind auch aufgrund ihrer zauberhaften Blütenfülle oder des Duftes geadelt worden. Um dieses Gütesiegel zu erhalten, muss die Rose einiges aufbieten: An 11 verschiedenen Standorten von Freising in Bayern, bis zu Thiensen in Schleswig-Holstein, müssen die Pflanzen drei Jahre beeindrucken. Gedeiht der Prüfling sehr gut, aber nur an einem Standort, wird das Siegel nicht vergeben.

ZWERGROSEN
Ein kleiner Garten braucht Pflanzen, die nicht zu viel Raum beanspruchen. Auch im Staudenbeet oder als Einfassung sind diese verhältnismäßig niedrigen Rosen, die 30 bis 50 cm hoch werden, gut zu verwenden. Vor allem als Kübelbepflanzung erweisen sie sich als besonders wertvoll. Die Zwergrose 'Lupo' zum Beispiel ist sehr gesund. Vielfach ausgezeichnet, auch mit dem ADR-Siegel, wird sie bis zu 50 cm hoch und blüht unermüdlich. Die Blüten sind dunkellila bis karminrot, bringen es auf 3 cm Durchmesser, leuchten intensiv, weder Regen noch eine Hitzeperiode macht ihnen etwas aus.
Eine kräftig gefüllte Blüte in reinem Rosa mit einer weißen Mitte zeigt 'Charmant'. Genauso robust besticht sie mit Blütenreichtum.

ROSEN IM STAUDENBEET
Je nach persönlicher Vorliebe kann man das Beet Ton in Ton gestalten oder auf kräftige Farben setzen. Rosen müssen nicht nur von Lavendel begleitet werden, in der Praxis ist das auch eher schwierig, denn die Rosen brauchen nahrhafte Erde und Lavendel ist ein Südländer, der gerne trocken und mager steht. Wenn man diese Kombination wählt, sollten die Pflanzen etwas Abstand zueinander halten. Zu eher rundlich wachsenden Beetrosen passen Stauden mit einer schlanken Erscheinung gut: Weißer Fingerhut und die weiße Königskerze sind ebenbürtige Begleiter von Rosen. Auch Sterndolden und die Katzenminze gruppieren sich gut zu Rosen. Den Garten mit einem Rosenbogen zu unterteilen oder eine Laube von einer kräftigen Ramblerrose überranken zu lassen, schafft privaten Raum, im romantischen Gartenzimmer verbringt man gerne warme Sommerabende. Zu Füßen einer Strauch- oder Heckenrose sehen Woll-Ziest, Blau-Schwingel oder Storchschnabel hübsch aus.

PFLANZEN AUSSUCHEN Aus der Fülle das Richtige finden

ENGLISCHE LEANDER-HYBRIDEN

Diese Rosen sind mit ihrer meist 1,20 m nicht übersteigenden Höhe sehr gut als Mittelpunkt für ein Beet oder als Blickfang im Hintergrund geeignet. 'Lady of Shalott' ist eine zuverlässige, sehr winterharte Rose mit einer guten Resistenz gegen Krankheiten. Mit ihrer außergewöhnlichen Blühkraft produzieren sie kelchförmige Blüten, die mit locker angeordneten Blütenblättern gefüllt sind. Die lachsfarbene Innenseite erzeugt einen wunderbaren Kontrast zur goldgelben Außenseite.

Noch ein wenig zierlicher, aber ebenfalls sehr blühfreudig und gesund ist 'Boscobel' (Austin). Ihre schön geformten Blüten in kräftigem Rosa und ihr kräftiges, dunkelgrünes Laub sowie der Duft nach Myrrhe, Holunder und Weißdorn machen die Rose sehr gartenwürdig.

DUFTENDE BEETROSEN VEREDELN JEDEN SITZPLATZ

Die Auswahl an Beetrosen ist sehr groß. Wer Duft mag und eine herrliche zweifarbige Blüte, die an einer gesunden Rose wächst, der sollte sich die Parfüm-Rose „La Parisienne" anschauen. Sie wird bis zu einen Meter hoch, liebt Sonne oder Halbschatten, hat einen geringen Pflegebedarf und ist winterhart. Die zweifarbige Blüte fügt sich wunderbar in den Garten ein. Sowohl mit rosa als auch mit gelben Stauden harmoniert die Rose mit dem kräftig dunkelgrünen Laub gut. Ebenfalls robust und von sehr guter Blattgesundheit ist die Rose 'Westerland'. Eine eher kleine Rose, die mit einer robusten Gesundheit und mit einer herrlichen goldgelben Blütenfarbe punktet, ist 'Timeless'. Sie wird bis 90 cm hoch, eignet sich gut für die Kombination mit Stauden und blüht öfter.

> **WICHTIGES ZUR ROSENPFLEGE UND -PFLANZUNG**
>
> Für wurzelnackte Rosen ist die beste Pflanzzeit im Oktober/November. Die Wurzeln sollten weder Sonne noch Wind lange ausgesetzt sein und vor der Pflanzung 12 Stunden gewässert werden. Pflanzen im Container können bis auf Hitzeperioden im Frühling und Sommerhalbjahr gepflanzt werden. Die Pflanzgrube sollte eine Handbreit größer als die Wurzel selbst sein. Wände und Sohle des Pflanzlochs müssen mit einer Rosengabel gründlich gelockert werden. Auffüllerde mit Kompost verbessern. Die Pflanze gut andrücken und gründlich einschlämmen. Ist das Wasser abgelaufen, noch einmal nachgießen, bis der Boden nass und schwer ist. Danach einige Tage nicht mehr gießen. Die Rose um das Zentrum ca. 15 cm anhäufeln, das schützt vor Wind und Austrocknung. Im März und im Juni mit Rosendünger versorgen und den Boden locker halten. Strauchrosen möglichst wenig beschneiden, nur nachlassende Pflanzen kräftig zurücksetzen. Bei Kletterrosen altes Holz entfernen, sonst nur wenig schneiden, Auslichten genügt.
>
> Wichtig: Wo Rosen wuchsen, sollten keine neuen Rosen gepflanzt werden, denn die Nachfolger kommen mit möglichen Nematoden und Pilzen nicht zurecht und kümmern. Dagegen hilft vor dem Pflanzen nur ein Bodenaustausch von 50 cm Tiefe und Breite. Das Pflanzloch sollte mit frischer Muttererde aufgefüllt werden, ein Zusatz mit Kompost und etwas gut abgelagertem Pferdemist hilft der Rose beim Start. Die ausgehobene Erde kann in jedem anderen Teil des Gartens verwendet werden.

(1) Kräftiges Laub, gefüllte, goldgelbe Blüten, das ist die schöne 'Timeless'.

(2) Beetrose La Parisienne blüht in zartem oder kräftigen Pink und duftet.

(3) Kräftig kirschrosa Blüte, duftet und überzeugt mit absoluter Blattgesundheit: 'Cherry Lady'.

PFLANZEN AUSSUCHEN — Aus der Fülle das Richtige finden

GRÄSER UND FARNE

WEISSRAND-JAPAN-SEGGE
Carex morrowii 'Variegeta'
Aussehen: Kompaktes, wintergrünes Gras, wird ca. 40 cm hoch, Blätter mit schmalem weißen Rand, die leicht überhängen
Anspruch und Pflege: Robustes Gras, bevorzugt lockeren, durchlässigen, humosen Boden im lichten Schatten, hält Wurzeldruck aus
Verwendung: Sehr gut für Gruppenpflanzungen geeignet oder unter Gehölzen, im Vordergrund von Eiben oder Buchs. Kombiniert sich sehr gut mit Christrosen oder als Unterpflanzung für hohe Tulpen.

GARTEN-REITGRAS
(*Calamagrostis* x *acutiflora* 'Karl Foerster')
Aussehen: Straff aufrecht, 1,50 m hoch. Aufrechte, schlanke Blütenähren ab Juni, im Spätsommer ockergelb gefärbt. Gelbe Herbstfärbung der Halme.
Anspruch und Pflege: Sonnig bis lichtschattig. Kommt mit jedem Gartenboden zurecht. Staunässe vermeiden, verträgt Trockenheit, erst im Frühjahr zurückschneiden.
Verwendung: In Einzel- oder Gruppenstellung, zu Stauden, als Sichtschutz und Hecke, Strukturbildner

PLATTÄHRENGRAS
(*Chasmanthium latifolium*)
Aussehen: Locker aufgebautes Gras bis 80 cm hoch. Mit frischgrünem Laub, das im Herbst goldgelb wird. Überhängende, platte hellbraune Ähren von August bis Oktober.
Anspruch und Pflege: Sonnig bis halbschattig, mäßig feuchte Böden. Trockenperioden werden gut überstanden. Robust und absolut zuverlässig.
Verwendung: Als Strukturbildner im Staudenbeet. Zusammen mit Polster- oder Blattstauden. Blüten als Vasenschnitt.

WEISSE HAINSIMSE
(Luzula nivea)
Aussehen: Heimisches Waldgras mit 40 bis 60 cm Höhe, schmückt sich mit weißen, kugelig angeordneten Blütenbüscheln von Juni bis Juli. Schmales, dunkelgrünes Blatt. Immergrün.

BLAU-SCHWINGEL
(Festuca glauca)
Aussehen: Das blaugraue Gras blüht an zarten Rispen im Juni und Juli, wächst kompakt, ist langlebig, wird zwischen 15 und 35 cm hoch.
Anspruch und Pflege: Sonnig, leichte, nicht gedüngte Böden. Verträgt Trockenheit ohne Probleme. Schnitt ist nicht erforderlich.
Verwendung: Im Kiesbeet, als Randbepflanzung an der Terrasse, als Gruppe. Als Nachbarn eignen sich Woll-Ziest, Lavendel, Heiligenkraut, Fetthenne, Wildtulpen.

Anspruch und Pflege: Halbschattig. Normaler Gartenboden, der nicht zu trocken und kalkarm sein sollte. Erst im Frühjahr schneiden.
Verwendung: In Gruppen am Gehölzrand, mit frühlingsblühenden Zwiebeln. Hält Wurzeldruck aus.

RIESEN-CHINASCHILF
(Miscanthus x giganteus)
Aussehen: Imposantes Gras bis 3,50 m hoch. Wächst schnell und kräftig, ist robust. Dunkelgrüne, bogig überhängende Halme mit gelber Herbstfärbung.
Anspruch und Pflege: Sonnig bis halbschattig. Wenn im Frühling keine Fröste mehr drohen, ganz herunterschneiden. Rhizomsperre ratsam.
Verwendung: Als Sichtschutz, Hintergrund und Solitärpflanze, Strukturbildner im großen Staudenbeet

PFLANZEN AUSSUCHEN Aus der Fülle das Richtige finden

STACHELSCHWEINGRAS
(*Miscanthus sinensis* 'Strictus')
Aussehen: Straff aufrecht, gelblich quer gestreifte, attraktive Blätter, bis 1,80 m hoch
Anspruch und Pflege: Sonnig bis halbschattig. Normaler Gartenboden, eher mager und leicht, gelegentliche Feuchtigkeit, keine Staunässe, keine schweren Böden. Vermehrung durch Teilung.
Verwendung: Strukturbildner für die Mitte des Staudenbeetes oder im Hintergrund. Kombiniert sich sehr gut mit Frauenmantel oder niederen Blattschmuckstauden.

CHINASCHILF
(*Miscanthus sinensis* 'Graziella')
Aussehen: Halbhohes Gras bis 1,30 m hoch. Lockere, große silbrig weiße Blütenfahnen stehen von August bis Oktober über dem Laub, das sich im Herbst rotbraun färbt.
Anspruch und Pflege: Bodentolerant, Staunässe sollte vermieden werden. Übersteht Trockenperioden problemlos. Erst im Frühling zurückschneiden.
Verwendung: Im Staudenbeet nicht wegzudenken, als Solitär und in Gruppen. Auch als Sichtschutz zu verwenden.

FEDERBORSTENGRAS
(*Pennisetum alopecuroides* var. *viridescens*)
Aussehen: Bis zu 1 m hohe Horste. Lange, buschige schwarzbraune Blütenwalzen von August bis Oktober, sehr dekorativ.
Anspruch und Pflege: Sonnig, trockene, warme Standorte. Gelegentliche Teilung der Horste regt den Wuchs an. Rückschnitt erst im Frühjahr.
Verwendung: Im sonnigen Beet, im Kiesbeet, im Präriebeet, in Einzel- oder in Gruppenstellung

TÜPFELFARN
(Polypodium vulgare)
Aussehen: Heimischer, immergrüner Farn mit tief gefiederten Wedeln und bogig ausladendem Wuchs. Bis zu 40 cm hoch.
Anspruch und Pflege: Mag wie alle Farne feuchten, humosen

Boden im lichten oder tiefen Schatten. Verträgt auch Sonne.
Verwendung: In schattigen Mauerfugen, im Beet als Gruppe im Vordergrund pflanzen. Eignet sich gut als Bindegrün für kleine Sträuße.

WURMFARN
(Dryopteris filix-mas 'Cristata')
Aussehen: Mit bis zu 90 cm Höhe ist dieser Farn sehr imposant. Die Stiele der wintergrünen Wedel sind dicht gold-braun beschuppt.
Anspruch und Pflege: Schattig. Sehr robust, kann lange an einem Standort bleiben. Bevorzugt humosen, feuchten Boden. Eine dünn aufgetragene Mulchschicht hält die Bodenfeuchtigkeit zurück.
Verwendung: Im Hintergrund, in der Nachbarschaft von Gehölzen, in schattigen, feuchten Ecken des Gartens oder im lichtschattigen Staudenbeet

GLANZ-SCHILDFARN
(Polystichum aculeatum)
Aussehen: Elegant gebogene wintergrüne, dunkelgrüne Wedel bis 80 cm Länge, breit trichterförmig wachsend
Anspruch und Pflege: Humoser, kühler, feuchter Boden im Halbschatten ist optimal auch für diesen Farn
Verwendung: Heimischer Farn unter Gehölze und am Gehölzrand, schön als Strukturbildner

MIT DEM GARTEN ÄLTER WERDEN

Weniger Arbeit mit bleibender Freude

(1) Hoch hinaus Thuja können 8 bis 10 m Höhe erreichen! Der Garten wird dann ganzjährig verschattet. Da hilft nur Rückschnitt!

(2) Die Dreimasterblume wandert gerne, das Beet braucht dringend wieder eine Ordnung.

Weniger Arbeit mit bleibender Freude

MIT DEM GARTEN ÄLTER WERDEN

LANGES GÄRTNERGLÜCK

AUCH GÄRTNER WERDEN ÄLTER Manches geht dann nicht mehr so leicht von der Hand und man braucht Hilfe. Oft wird den Gartenliebhabern geraten, den Garten aufzugeben, sich doch von der „Arbeit" zu befreien. Das muss nicht sein. Der Garten kann auch im Alter eine Quelle der Freude und Entspannung sein: Man ist an der frischen Luft, beschäftigt sich mit Pflanzen, erlebt die Jahreszeiten. Nichts erdet einen Menschen mehr, als die Beschäftigung in der Natur. Das liegt in unseren Genen. Schließlich waren wir alle einmal Bauern und haben von und mit dem gelebt, was uns der Acker schenkte.

DER GARTEN WÄCHST ÜBER DEN KOPF
Anfangs kann der Gartenfreund es kaum erwarten, dass die Pflanzen wachsen, ihm Sichtschutz und blühende Beete bieten. Doch auch im Garten vergeht die Zeit oft schneller, als dem Gartenmenschen lieb ist. Im Laufe der Jahre kann das Staudenbeet aus den Fugen geraten, Sträucher, die gepflanzt wurden, um etwas Privatsphäre zu ermöglichen, sind zu einem mächtigen, grünen Wall herangewachsen.
Ähnlich geht es mit der Hecke, die das Grundstück einfrieden sollte. Lebensbäume *(Thuja)* werden häufig gewählt, weil sie auch im Winter Schutz vor neugierigen Blicken bieten. Aber auch sie werden riesig, wenn man sie nicht beschneidet. Und ehe man es sich versieht, liegt der Garten im tiefen Schatten.

STAUDEN WANDERN AUS
Pflanzen halten sich nicht immer an den vorgegebenen Standort: Sie wandern aus. Obwohl sie keine Füße haben, findet man sie einige Jahre später an einem anderen Ort. Manchmal geben sie den alten Standort gänzlich auf, manchmal bilden sie Filialen. Die Dreimasterblume ist ein schönes Beispiel für mobile Stauden: Achtet man nicht genau darauf, wo sie sich etabliert, sind bald größere Flächen erobert. Doch die Dreimasterblume lässt sich leicht entfernen und wird nicht lästig, was sie für den pflegeleichten Garten sehr empfiehlt.

MIT DEM GARTEN WACHSEN
Doch warum sollte man den Garten aufgeben? Mit etwas Geschick wird das Grün pflegeleichter gemacht, die Beete reduziert, Pflanzen gewählt, die weniger Aufmerksamkeit brauchen. Vielleicht ist es auch an der Zeit, die Bewässerung zu automatisieren. Gärtnern ist gut für das seelische Wohlbefinden, stärkt die Abwehrkräfte, gleicht aus, macht glücklich. Vor allem, wenn die Arbeit so eingeteilt wird, dass sie nicht belastet.

> **FACHFIRMEN HELFEN**
>
> Eine Umfriedung sollte 1,60 m nicht übersteigen, um die Beete ausreichend mit Licht zu versorgen. Gehölze, die einen lichtschattigen Sitzplatz an der Terrasse ermöglichen, müssen von Zeit zu Zeit verjüngt oder stark zurückgesetzt werden. Diese Arbeit übergibt man dann am besten an einen Fachmann!

WENIGER IST MEHR

DER GARTEN WIRD NUN EINER GENAUEN PRÜFUNG UNTERZOGEN: Wo gibt es kleine, verwinkelte Rasenflächen, die mit Trimmer oder Rasenschere bearbeitet werden müssen? Diese Flächen sollten entweder als Rasenfläche verbreitert oder mit Gehölzen bepflanzt werden. Weißbunter Hartriegel, Eibe, Schneeball (*Virburnum bodnantense* 'Dawn') und ein Garten-Eibisch sehen sehr ansprechend aus. Eine dünne Mulchdecke hält den Boden feucht und unterdrückt das Unkraut.

WO SIND ÄNDERUNGEN NÖTIG?

Kübel sind eine hübsche Ergänzung, doch kann das Versorgen von nicht winterharten Pflanzen lästig sein. Das kann man mit einer anderen Bepflanzung ändern: Einjährige am Fensterbrett vorgezogen und in Töpfe und Kübel gepflanzt, zieren im Sommer – wem die Vorarbeit zu viel ist, der kauft Mitte Mai Setzlinge, bereitet die Erde gut vor, düngt regelmäßig und schon bald werden seine Einjährigen blühen. Niemand muss schleppen und sich sorgen, ob die empfindlichen Gesellen rechtzeitig vor dem Frost ins Haus kommen.

ALLES, WAS ZU VIEL KRAFT ERFORDERT, WIRD ABGESCHAFFT!

Es hilft Kraft und Zeit sparen, wenn man sich auf zwei bis drei schöne Gefäße konzentriert. Zum Beispiel eine Glockenrebe, wenn die Pflanze ranken soll, oder Margeriten und Wiesen-Salbei, wenn der Kübel in voller Sonne steht. Lilien spielen im Topf immer eine spektakuläre Rolle. Nach dem Abblühen bringt man sie in eine stille Gartenecke, dort holt die Zwiebel Kraft. Im Frühjahr gedüngt, treibt die Pflanze wieder aus.

Ein Topfgarten lässt sich leicht pflegen. Die Erde wird den Bedürfnissen der einjährigen Bewohner angepasst, Schnecken und andere Schädlinge hat man viel besser im Blick.

DAS STAUDENBEET WIRD VEREINFACHT

Die Beete sollten generell nicht breiter als 1,20 m sein. So ist die Pflege von beiden Seiten ohne große Verrenkungen möglich. Es ist doch immer etwas abzuschneiden, zu lockern oder zu düngen. Die Beete kann man beinahe unsichtbar mit einer Metallkante fixieren oder aber mit einer stehenden und einer liegenden Reihe Klinker vom Rasen trennen. Das vereinfacht die Pflegearbeit, denn der Rasen kann nicht mehr ins Beet wandern und die Stauden nur schwerlich ausbrechen.

TOLLE WIRKUNG MIT NUR DREI PFLANZENARTEN

In den Beeten beschränkt man sich auf zwei oder drei verschiedene Pflanzenarten, die sich im Garten schon bewährt haben und ohne besondere Aufmerksamkeit gedeihen. Geschickt in Höhe abgestuft oder in Drifts gepflanzt, fehlt dem Betrachter nichts. So kann ein Beet mit Bergenien, Gräsern und niederen und hohen Herbst-Astern perfekt aussehen. Gesellt man zu den Bergenien einige späte Tulpen, blüht es vom Frühling bis in den Frühsommer.

(1) Mit Einjährigen schafft man immer wieder ein neues Gartenbild. Wer sitzt nicht gerne bei den Löwenmäulchen?

(2) Mit gleichem Anspruch Hohe Fetthennen, Herbst-Astern und Gräser – ein pflegeleichtes Beet, in dem es lange blüht.

(3) Ohne Nacharbeit Eine stehende und eine liegende Klinkerkante trennt Beet und Rasen. Nach dem Mähen erspart man sich das Nacharbeiten mit Trimmer oder Schere.

(1) Gute Partner Bergenien und Storchschnabel überzeugen auch nach der Blüte mit ihren schönen und unterschiedlichen Blattstrukturen.

(2) Bis in den späten Herbst hinein blüht die anspruchslose Krötenlilie, was sie für den Garten wertvoll macht.

(3) Polsterstauden, Gräser und Frühlingsblüher, so kann das pflegeleichte Gartenjahr anfangen.

MIT DEM GARTEN ÄLTER WERDEN

Weniger Arbeit mit bleibender Freude

HAUPTBLÜTEZEITEN IN DEN FRÜHLING UND HERBST GELEGT ...

Während der Reisezeit kann der Garten sich dann selbst überlassen werden, Bewässerung ist nur bei großer Hitze nötig. Im September erscheinen die ersten Blüten an den Astern und blühen bis in den November. Frühe und späte Sorten ermöglichen eine lange Blüte. Die heimgekehrten Gartenbesitzer freuen sich nun an den üppigen Blüten. Abgeschnitten wird im Frühling oder, wenn das schwarz gewordene Laub zu sehr stört, auch vor dem Winteranfang. Wem es zu lange dauert, bis die Bergenien ihre Stängel schieben und ihre kleinen Glocken zeigen, der legt im Herbst Zwiebeln der Blausterne *(Scilla)* dorthin, wo später die Astern austreiben. Oder frühe Krokusse, wie *Crocus imperati*, der bereits eingezogen hat, bevor die Astern oder andere Stauden austreiben.

... LASSEN DEN GARTENMENSCHEN SORGLOS VERREISEN

Storchschnabel kombiniert sich ebenfalls wunderbar mit Bergenien oder auch mit Gräsern. Liegt das Beet mehr im Schatten, bietet sich die große Vielfalt der Hosta-Arten mit ihrem schönen Blattschmuck an, siehe auch Seite 120.

GRÄSER MINIMIEREN DIE ARBEIT IM STAUDENBEET

Im vollsonnigen Beet kann die Arbeit nicht nur durch Flächenverkleinerung, sondern auch durch eine Gruppenbepflanzung mit Seggen und Tulpen reduziert werden. Nutzt man die frühen bis späten Blütezeiten der Tulpen aus, erheben sich über einem grünen oder grün-weiß panaschierten Teppich bis in den Mai hinein die herrlichsten Blüten.

LILIEN PASSEN IMMER

Wer mag, steckt auch noch einige wüchsige Lilien mit wirklich aufregenden Blüten und herrlichem Duft wie die Lilie 'Macizo' in die Erde, dann blüht das Beet bis in den August hinein. Im Herbst kann eine Gruppe von Krötenlilien am Gehölzrand die Rolle des Schmückens übernehmen. Krötenlilien sind ausgesprochen robust und pflegeleicht. Kombiniert man kugeligen Buchs dazu, sieht das sehr ansprechend aus und macht ganz wenig Arbeit. Der Buchs sollte im Frühsommer in Form geschnitten werden, die Krötenlilie bekommt ein wenig Dünger und ggf. eine Stütze. Mehr ist nicht zu tun.

> **DEN SOMMER GENIESSEN**
>
> Das Chinaschilf 'Malepartus' *(Miscanthus sinensis)* besticht mit großen, lockeren Blütenständen und wirkt mit bis zu 2 m Höhe sehr beeindruckend. Kugeldisteln *(Echinops)* in großen Gruppen dazu gepflanzt, erzeugen ebenso ein wunderbares Sommergefühl. Wer möchte, erweitert das Blühen mit Edeldisteln, die mit ihrem Stahlblau die Hitze des Sommers symbolisieren. Bienen und Hummeln lieben beide Pflanzen, auch das gehört zum Sommer. Einige schöne, runde Steine im Vordergrund dazu platziert, auf die man sich setzen kann – ein herrliches, belebendes Garten- und Sommergefühl!

WEISSE BLÜTEN VOR IMMERGRÜNEN

Vor einer halbhohen, formgeschnittenen Eibenhecke kommt eine Eichenblättrige Hortensie sehr gut zur Geltung. In der Nähe könnte eine Gruppe von Weißem Berg-Eisenhut (*Aconicum napellus* 'Schneewittchen') stehen. Die Pflege vereinfacht sich schon dadurch, dass die Ansprüche an Boden und Standort dieselben sind. Als verbindendes Element eignet sich ein niederes, panaschiertes Gras, wie das Japanische Gold-Berggras (*Hakonechloa macra* 'Aureola').

TEICH-ALTERNATIVEN

Zeit lässt sich auch sparen, wenn man einen inaktiven Teich verändert: die kleinen Gewässer sind zu stark zugewachsen, die Pumpe ist nicht mehr ganz zuverlässig, starke Wurzeln des nahestehenden Baumes perforieren die Folie, sodass ständig Wasser nachgefüllt werden muss. Dann bietet es sich hier an, auf den Teich zu verzichten, die Folie an vielen Stellen zu durchlöchern und mit Erde aufzufüllen. Wenn man Hortensien pflanzen möchte, dann eignet sich ein Moorbeet-Sandgemisch. Auch Azaleen und Rhododendren fühlen sich auf diesen feuchten Böden wohl. Als Unterpflanzung und unverzichtbarer Frühjahrsblüher mit schönem Blattschmuck empfiehlt sich die Christrose.

LICHT FÜR STIMMUNG UND SICHERHEIT

Kleine, sparsame Positionsleuchten in den Boden oder in die Einfassung der Beete eingelassen, erleichtern am Abend oder in der dunkleren Jahreszeit den Weg zum Carport oder zum Fahrradschuppen. Licht im Garten ist immer stimmungsvoll, mit dem Älterwerden ist man für Trittsicherheit dankbar, vor allem wenn es praktisch verpackt wird.

SCHWERE ARBEITEN ABGEBEN

Nicht zuletzt sollte der älter werdende Gartenmensch fachliche Hilfe holen, wenn es darum geht, große Hecken oder Obstbäume zu schneiden. Muss ein Baum gerodet werden oder ein alter Fliederstrauch, dann ist der Einsatz von ausgebildeten und kräftigen Mitarbeitern eines Garten- und Landschaftsbaubetriebes richtig. So kann ein Garten bei kluger Bewirtschaftung noch lange Quelle von tiefer Freude und Entspannung für den Gartenmenschen sein.

RASEN-ERSATZ MIT EFEU

In der Nähe von Gehölzen wird der Rasen nie richtig kräftig. Im Zuge der vereinfachten Gestaltung wäre zu bedenken, ob man nicht einen Teil des kümmernden Rasens mit Efeu bepflanzt. Als zierendes Element kann eine kleine Mauer den Efeubereich zum Rasen hin abgrenzen.

(1) Selbst in der Dämmerung leuchten die weißen Bälle der Hortensie vor den Immergrünen. Bambus, Farn und Gold-Berggras komplettieren die Umgebung des Sitzplatzes.

(2) Rasen-Ersatz Am Weg blühen Rosen und Lavendel, im Schatten der Gehölze ersetzt Efeu den Rasen. Im zeitigen Frühling blühen dort Schneeglöckchen, Puschkinien und Blausterne.

(1) Nützlich Leichte Bottiche nehmen Abgeschnittenes auf, eignen sich bestens zum Transportieren von Pflanzen und aufgesammeltem Obst. Sie sind flexibel, langlebig, lassen sich einfach reinigen. Ein leichter Spaten, das Blatt aus einem Stück geschmiedet, trennt auch Wurzeln durch.

(2) Eine Verlängerung macht das Gießen einfacher. Man muss nicht in das Beet treten, kann die Wassergabon aber genau platzieren.

(3) Kniebänkchen Nicht nur für ältere Menschen eine Erleichterung.

Weniger Arbeit mit bleibender Freude

MIT DEM GARTEN ÄLTER WERDEN

NÜTZLICHE VERÄNDERUNGEN UND HILFSMITTEL

GARTENMÖBEL UND GARTENGERÄTE MÜSSEN NICHT SCHWER SEIN! Oft sind es die eher unwichtig erscheinenden Entscheidungen, die das Leben erleichtern. Man muss sich nicht mit schweren, umständlichen Gartenmöbeln abmühen; leicht, wetterfest und wartungsfrei sollten neue Möbel sein. Der Handel bietet eine sehr breite Palette von formschön-eleganten oder rustikalen Garten- und Outdoormöbeln in Holz, Kunststoff, Metall oder Edelstahl an, die bedenkenlos draußen bleiben können.

Dasselbe gilt für Gartengeräte. Ein schwerer Rasentrimmer mit Benzintank, der nach kurzer Zeit Rückenschmerzen verursacht, sollte aussortiert werden. Ebenso entlastet ein schmaler, leichter Spaten, dessen Blatt scharf genug ist, um Wurzeln zu durchtrennen.

DAS EIGENGEWICHT IST WICHTIG
Leichte Bottiche aus Kunststoff nehmen Abgeschnittenes auf, verfaultes Obst lässt sich damit einfach auf den Kompost transportieren. Ausgespült ist der Behälter schnell wieder einsatzfähig.

BEWÄSSERUNGSHILFEN
Gießstäbe erweitern den Radius einer Handbrause. Sprühschläuche im Gehölz ausgelegt und an eine Zeitschaltuhr gekoppelt, erledigen einen großen Teil der Bewässerungsarbeit. Bewässerungskugeln in Töpfe oder Kübel gesteckt, geben das Wasser kontinuierlich ab und ersparen das tägliche Gießen.

LEICHTE SCHUBKARREN, LANGE STIELE
Herkömmliche, schwere Schubkarren können durch sehr leichte, auch faltbare Ausführungen ersetzt werden. Das reduzierte Eigengewicht macht sich bei der täglichen Arbeit deutlich bemerkbar.

Anbieter für Gartenwerkzeuge führen Verlängerungsstangen im Programm. Ein langer Stiel an einer kleinen Harke ermöglicht das Lockern des Beetes, ohne den Standplatz zu verlassen. Ebenso für Fugenkratzer sind längere Stiele erhältlich. Spaten, Schaufel und Harken sind aus Leichtmetall oder Karbon zu bekommen, wichtig ist eine ergonomische Form und ihre an die Körpergröße angepasste Länge.

> **UNVERZICHTBAR: EIN KNIEBÄNKCHEN**
>
> Bei Pflegearbeiten im Beet hilft ein Kniebänkchen. Es ist für jedes Gartenalter unentbehrlich. Die gepolsterte Fläche schützt die Knie, 5 cm Bodenfreiheit schont die Austriebe der Pflanzen. Umgedreht ist die Kniebank als Hocker und stabiler Sitzplatz zu nutzen. Eine Staudengruppe lässt sich so mit wenig Kraftaufwand einkürzen, das Bänkchen ist leicht, mit einer Hand kann man es zum nächsten Platz tragen.

THEMENGÄRTEN
Leidenschaften im Garten leben

(1) Naturnah und wild Präriebepflanzung mit Duftnesseln, Skabiosen und Indianernessel

(2) Federgras bewegt sich mit jedem Windhauch, Sonnenhut macht Sommerstimmung bis in den Frühherbst

(3) Robust & farbenfroh Alle Sonnenhut- und Sonnenbraut-Sorten sind wegen ihrer Robustheit und den warmen Farben richtig für das Präriebeet.

THEMENGÄRTEN

Leidenschaften im Garten leben

VON DER PRÄRIE GELERNT

BEETE IN VOLLER SONNE UND MAGERER BODEN? Kein Problem, dieser Standort kommt dem pflegeleichten Gärtner genau recht. In lehmig-tonigen Boden sollte Sand eingearbeitet werden, damit er durchlässiger wird. Hier gedeiht idealerweise ein Präriebeet. Die schönste Wirkung wird auf einem eher großzügigen Platz erreicht. Der Boden sollte einen guten Wasserabzug haben, was bei leichten Böden ohnehin von Natur aus gegeben ist. Wichtig und unverzichtbar sind immer Gräser. Die meisten Gräser, die in unseren Breiten gedeihen, lieben volle Sonne und kommen mit mageren bis frischen Böden zurecht. Die zarten Blüten der Präriestauden beleben das Bild, sind ein wenig naturhaft und wild. Man lässt sie abblühen und über den Winter stehen. Die Samenstände werden von Vögeln als Herbst- und Winterfutter gebraucht. Ein Prärie- oder Steppenbeet hat nichts mit einem aufgeräumten und durchorganisierten Garten zu tun. Im Steppenbeet beginnt das zeitige Frühjahr mit Zwiebelpflanzen, dann treiben Gräser und Stauden aus, im Hochsommer glüht das Beet mit Schafgarbe, Sonnenhut und Gräsern bis in den Herbst hinein.

PFLANZEN FÜR PRÄRIEBEETE

PFLANZE	EIGENSCHAFTEN
Sonnenbraut 'Rauchtopas' (*Helenium* x *cultorum*)	Standfeste, hohe Sorte (1,30 m). Blüten in warmem Gelb mit brauner Mitte ab Spätsommer
Sonnenbraut 'Feuersiegel' (*Helenium* x *cultorum*)	Kräftige, robuste Staude bis 1,50 m hoch mit gelbroten Blüten und brauner Mitte von Juli bis September
Sonnenhut 'Kim´s Mophead' (*Echinacea* x *purpurea*)	Kompakter Wuchs, reiche und lange Blüte von Juni bis August in Cremeweiß mit grüner Mitte
Teppich-Woll-Ziest (*Stachys byzantina* 'Silver Carpet')	Dichter Bodendecker mit silbrig grauen, flaumigen Blättern und Blüten von Juni bis Juli, erträgt viel Trockenheit
Hellgelbe Schafgarbe (*Achillea-Clypeolata*-Hybride 'Moonshine')	Anspruchslos, gesund, fühlt sich auf trockenen, mageren Böden besonders wohl, schwefelgelbe Blüten von Juni bis Juli und September, silbriges Laub
Zartes Federgras (*Stipa tenuissima*)	Zierliches Laub, in der Gruppe besonders wirkungsvoll, leicht überhängend, haarfeine, seidig schimmernde Blütengrannen ab Juni
Sibirisches Perlgras 'Atropurpurea' (*Melica altissima*)	Liebt Sonne und lichten Schatten, sehr schöne rotbraune Samenstände, bis 70 cm hoch
Anis-Duftnessel (*Agastache foeniculum*)	Wildstaude mit aufrechten Blütenkerzen in Lila von Juli bis September, Blätter mit Fenchel-Anis-Aroma
Schwachfilziger Sonnenhut (*Rudbeckia subtomentosa* 'Henry Eilers')	Auffällig mit kräftig hellgelben Röhrenblüten mit brauner Mitte von Juli bis September, gut als Gruppenpflanzung

IM TROCKENEN: DAS KIESBEET

MIT WENIG AUFWAND BETREUEN Wie das Steppenbeet liegt auch das Kiesbeet in voller Sonne. Seine Wirkung beruht auf den freien mit Kiesel- und Schottersteinen belegten Flächen. Pflanzen, die hier gedeihen, brauchen nur wenig Zuwendung.

EINFACH IN DER ANLAGE

Der Aufwand beim Anlegen eines Kiesbeetes hält sich in Grenzen. Auf der dafür vorgesehenen Fläche wird der Oberboden entfernt. Kies und grober Schotter werden zu gleichen Teilen unter den Boden gemischt und wieder eingebracht. Auf der Oberfläche dieser Stein-Erde-Mischung legt man ein Vlies aus, das unter dem Namen Geovlies, Unkrautvlies und Gartenvlies gehandelt wird. Es ist absolut frostfest und wasserdurchlässig. Dort, wo Stauden oder Einjährige ihren Platz finden sollen, wird das Vlies kreuzförmig eingeschnitten, zurückgeklappt und die Pflanze eingesetzt. Abschließend wird gewässert. Eine 5 cm starke Schicht aus Splitt oder Kies kommt als letzte Lage auf das Beet. Je nach Bepflanzung und Vorliebe kann heller oder dunkler Kies verwendet werden, auch größere Steine in Gruppen wirken dekorativ und passen zum Kiesgarten. Hier gedeihen Pflanzen, die gerne volle Sonne mögen. Auch wärmeliebende mediterrane Kräuter sowie Blumenzwiebeln mögen die Sommertrockenheit und lassen das Kiesbeet bereits im zeitigen Frühjahr leuchten. Insgesamt ist der Pflegeaufwand im Kiesgarten geringer als im Prachtstaudenbeet.

DEKORATIVE WIRKUNG

Natürlich und dekorativ wirken Kiesbeete, wenn zwischen den Pflanzen größere freie Flächen gelassen werden. Niedrige und höhere Stauden kombiniert und eher sparsam eingesetzt, machen den Reiz des Kiesbeetes aus. Ein oder zwei größere Findlinge, auf die man sich vielleicht setzen kann, machen an warmen Sommerabenden ein solches Beet zum besonderen Genuss. Man entspannt auf einem warmen Stein, das Gras raschelt im Wind, die Blüten duften.

WENIG GIESSEN UND DÜNGEN

Gießen ist bei einem solchen Beet kaum nötig, das Vlies und der Belag aus Kies halten die Feuchtigkeit weitestgehend im Boden. Nur in längeren Hitzeperioden sollte gewässert werden. Modelliert man einen kleinen Höhenunterschied, wirkt das Beet interessanter. Eine Bepflanzung mit Stauden und Gräsern aus der Steppe oder Prärie, wie Schafgarbe, Duftnessel, Sonnenhut und Palmlilie, macht auch das Düngen überflüssig! Kiesbeete können in entsprechender sonniger Lage daher eine echte Alternative zum Prachtstaudenbeet sein.

> **PFLEGETIPP**
>
> Vlies hält Wildkräuter weitgehend zurück. Wenn doch Samen keimen und wachsen, lassen sich die Pflänzchen leicht entfernen, da sie im Kies nicht fest wurzeln können.

(1) Kies, Schotter und Steine sind interessante Gestaltungselemente für den Garten. Gräser fügen sich besonders gut ein, wirken heiter-mediterran.

(2) Edel & filigran Niedrige, frühe Iris fühlen sich im Kiesbeet wohl, die weißen Blüten wiederholen die Farbe des Belages.

(3) Zusammenspiel Mit buschig-gedrungenem Wuchs von Stauden, bleibt als Gestaltungselement viel Kiesfläche frei.

(1) Polster-Phlox liebt Sonnenplätze und bildet dort üppige Polster, die besonders gut zu Steinen passen.

(2) Katzenminze leuchtet mit stahlblauen Blütenständen lange im Beet und eignet sich auch sehr gut, um Sommersträuße zu binden.

(3) Großer Auftritt Sommerastern wirken in Gruppen gepflanzt am besten.

(4) Lavendel liebt mageren Boden und Steine. Auf seinen Duft möchte man nicht verzichten.

BLAUMACHEN!

LIEBLINGSFARBE BLAU Von Zartblau über Azur bis zu fast schwarzem Lilablau stehen in diesem Lieblingsfarbton so viele Abstufungen zur Verfügung, dass es sich lohnt, mit dieser Farbe ein eigenes pflegeleichtes Beet anzulegen. Jeder kann sich sein „Blaues Wunder" pflanzen!

DAS BLAUE BAND DES FRÜHLINGS

Mit dem Kaukasusvergissmeinnicht *(Brunnera macrophylla)* beginnt das Frühjahr. Es mag lichten Schatten oder absonnige Plätze, die Blüten sind klein, aber kräftig blau mit einer weißen Mitte. Das Blühen setzt sich fort mit Blaukissen *(Aubrieta*-Hybriden), Polster-Phlox *(Phlox subulata)* und Kriechendem Phlox *(Phlox stolonifera)*. Einige Inseln aus Seifenkraut verstärken mit ihrem blendenden Weiß das Blau. Ob im Halbschatten oder sonnig, Akeleien *(Aquilegia vulgaris)* passen immer und sind auch in größeren Gruppen nie aufdringlich. Der vollsonnige Bereich der Pflanzung ist dem Pracht-Storchschnabel *(Geranium* x *magnificum)* vorbehalten. Als Kontinuum im Beet bietet sich die Storchschnabel-Sorte 'Rozanne' an. Die kleinen Blüten zeigen sich unermüdlich von Mai bis November und weben sich mit ihren langen Trieben schmückend ins Beet. Mit der blau-weißen *Iris barbatamedia* 'Arctic Fancy' kommt Kontrast ins Beet.

DUFTIG IN DEN SOMMER

Duft verströmt die Iris-Sorte 'Mary Frances', ihr Blau geht leicht ins Lila. Ihr bodendeckender Begleiter ist der Blau-Schwingel *(Festuca)* mit grasigen Halmen. Lavendel *(Lavandula angustifolia)*, Blaue Katzenminze *(Nepeta* x *faassenii)* und die Duftnessel *(Agastache)* erweitern den blauen Reigen.

Steppen-Salbei *(Salvia nemorosa)* besetzt im blauen Beet eine weitere Rolle des Dauerblühers. Die Sorten 'Mainacht' und 'Blauhügel' sorgen für kräftiges Blau. Stauden-Clematis *(Clematis integrifolia)* und die blauen Bälle der Kugeldistel führen das blaue Beet in den Spätsommer.

STILVOLLE ERGÄNZUNG IM SOMMER

Gräser wie die Bläuliche Rutenhirse *(Panicum virgatum* 'Heavy Metal') gehören als wertvolle Strukturpflanze unbedingt dazu. Über den Sommer bis in den Frühherbst hinein, schmückt sich die schilfblättrige Dreimasterblume *(Tradescantia)* mit kräftig blauen Blütensternen. Sommerastern *(Callistephus chinensis)* haben zur selben Zeit ihren Auftritt. Die Glatte Aster *(Aster laevis)* ist eine wüchsige Wildart, die lange blüht und sich mit ihrem schmalen Laub sowie ihrem lockeren Wuchs in jedes Beet gut einfügt.

ABSCHIED VOM BLAUEN GARTENJAHR

Der Eisenhut, der gerne auf frischen Böden und lichtschattig steht, beginnt im Frühherbst mit der Blüte und hält über mehrere Wochen an. Herbst-Astern übernehmen in strahlendem Blau und unterschiedlicher Wuchshöhe die blaue Ausstattung des Herbstes. Die Kissen-Aster 'Blaue Lagune' *(Aster* x *dumosus)* wird nur ca. 50 cm hoch und macht ihrem Namen farblich alle Ehre. Überragt von der Raublatt-Aster 'Barr´s Blue' *(Aster novae-angliae)* mit ca. 1,50 m Höhe.

ROT-GELBES FEUERWERK

WER WARME FARBEN LIEBT, wird sich ein feuriges Sonnenbeet pflanzen. Gelb- Rot- und Ockertöne wirken lebhaft und heiter. Vor allem im Sommer und Frühherbst ist solch eine Bepflanzung spektakulär. Kombiniert man mit Immergrünen und Gräsern, lassen sich die starken Farben bei Bedarf etwas beruhigen und das Beet bekommt eine heitere Anmutung. Als langes, schmales Beet an der Grenze zum Nachbarn können Sonnenbraut und Sonnenhut zusammen mit hohen Gräsern die Funktion des Sichtschutzes übernehmen.

GELBE BLÜTEN IM FRÜHLING

Es stehen viele Stauden zur Verfügung, die im pflegeleichten Garten gut zu verwenden sind. Bei kräftigen Farben ist es immer wichtig, dass die Farbe nicht zu kompakt eingesetzt wird. Die Abstufung der Farben macht so ein sonniges Beet zum Hingucker. Schon der Frühling zeigt sich mit Steinkraut (*Alyssum*) in Gelb. Auf Trockenmauern und im Beet als Bodendecker dominiert dieses knallige Gelb den Garten.

Früh und kräftig gelb erscheint die Gold-Wolfsmilch (*Euphorbia polychroma*) als weithin leuchtende Frühlingsstaude. Die Gold-Wolfsmilch gedeiht in jedem normalen Gartenboden, freut sich über etwas Kompost und verbreitet sich selbstständig; sie wandert durch das Beet, ohne lästig zu werden. Zu diesem fast schwefeligen, herrlichen Gelb passen weiße oder cremefarbene Tulpen besonders gut. Sehr apart sehen auch kräftig rote, frühe Tulpen zu den gelben Tönen aus.

ROTES MIT TAGLILIEN

Die kleinblütige Taglilie 'Tigerling' besticht mit goldgelben Blüten mit rotem Auge. Eine ähnliche Farbkombination zeigt die Großblumige Taglilie 'Spectacular'. Taglilien pflanzt man in langen Drifts ins Beet. Dazu passen Bergenien sehr gut, da sie den Taglilien mit ihren dicken, ledrigen Blättern den passenden Rahmen geben. Für einen tiefen, intensiven Rotton sorgt 'Berlin Oxblood'. Dieses Rot bleibt auch im Regen schön und kombiniert sich wunderbar mit der Braunroten Taglilie (*Hemerocallis fulva*), die zu den wuchsfreudigsten und robustesten Taglilien zählt. Sie schmückt größere Flächen im Hintergrund und vor Gehölzen.

IM SPÄTSOMMER IN HOCHFORM

Einen wahren Goldrausch kann der Sonnenhut 'Goldsturm' entfesseln und eignet sich mit 80 cm Höhe ideal für den Vordergrund. Der größere Fallschirm-Sonnenhut (*Rudbeckia nitida* 'Herbstsonne') kann mit seinen 1,50 bis 2 m einen prächtigen Sichtschutz abgeben. Schlanke Akzente setzt der Kerzen-Knöterich (*Polygonum amplexicaule* 'Orange Field') mit orangefarbenen Blütenkerzen. Den Herbst vergoldet dann die Goldrute (*Solidago sempervirens* 'Goldene Wellen') mit riesigen, goldgelben Blüten, die leicht überhängen. Aus der Pflanzengattung der Felberiche (*Lysimachia*) bietet sich die dunkelrotlaubige Sorte 'Firecracker' an. Als Gruppe gepflanzt und ein wenig gestützt, schmückt sie das Beet mit ihrem dekorativen Laub und den gelben Blütensternchen wochenlang.

(1) Unübersehbar Die Gold-Wolfsmilch mit kräftig gelben Hochblättern.

(2) Taglilien sind immer gartenwürdig. Hier unterstützt Taglilie 'Tigerling' die Gelb-Rot Kombination.

(3) Mit einjährigen, rot blühenden Pflanzen wie Dahlien, Zinnien und Ziersalbei kann man das Staudenbeet interessant ergänzen.

(4) Sonnenbraut und Sonnenhut sind zusammen mit Knöterich und Gräsern eine unschlagbare Kombination für den Sommergarten.

(1) Sonnenbraut 'Feuersiegel' wird bis 1,50 m hoch, blüht lange und ist auch in der Vase schön. Im Hintergrund leuchten die blauen Bälle der Kugeldistel.

(2) Kombination aus Chinaschilf 'Zebrinus' und 'Graziella' mit Taglilien und Dahlien. Die roten Dahlien ersetzen im Laufe des Sommers die Blüte der Taglilien.

ROT- UND ROSA-TÖNE BIS IN DEN SPÄTEN HERBST

Wegen ihrer späten Blüte sehr beliebt sind die Hohen Fetthennen. Im Feuerbeet bietet es sich an, eine Sorte wie 'Herbstfreude' (Sedum-Telephium-Hybride) in hellem Rostrot und schönem, kompakten, straff aufrechtem Wuchs mit der bräunlich rosafarbenen Sorte 'Karfunkelstein' zu mischen. Bis zum ersten Frost zieren die abgeblühten Blütenstände das Beet und sehen auch mit Schneehauben attraktiv aus.

MIT GRÄSERN ATTRAKTIV

Aus der Fülle der Gräser sollen hier nur einige genannt werden: Chinaschilf 'Flamingo', das Pfeifengras 'Moorhexe' sowie das Lampenputzergras schmücken ein Sonnenbeet sehr. Das Weißbunte Bandgras (*Phalaris arundinacea* 'Mervyn Feesey') mit seinen grünweiß gestreiften Blättern wird nur 50 bis 70 cm hoch und eignet sich gut für den Vordergrund.

BLAU VERVOLLSTÄNDIGT WARME FARBEN

Wer das Feuerbeet mit blauen Farbtupfern etwas mildern möchte, hat vielleicht Freude an diesem Beispiel: Im Hintergrund zwei Horste Chinaschilf 'Strictus' im Abstand von ca. 60 cm, dazwischen jeweils drei Schafgarben *(Achillea)*. Den Platz in der Mitte teilen sich zwei oder drei Gruppen von Sonnenbraut wie 'Kulturzwerg' sowie fünf bis acht Pflanzen Ehrenpreis (*Veronica longifolia* 'Eveline') in zwei oder drei kleine Gruppen gepflanzt; sie sorgen mit ihren 55 cm auch für eine Höhenabstufung.

Im Vordergrund bietet sich eine Gruppe Chrysanthemen in kräftigem Gelb (zum Beispiel *Chrysanthemum hortorum* 'Citronella') an. Am Beetrand oder im Wechsel mit Chrysanthemen empfiehlt sich das Japan-Goldbandgras (*Hakonechloa macra* 'Aureola'). Über diesem etwas überhängenden Gras wirken langstielige Tulpen wie die kräftig rote Sorte 'Ad Rem', die am Rand einen Hauch Gelb trägt und duftet, besonders spektakulär.

EINJÄHRIGE VERÄNDERN DAS BILD

Kombiniert man Einjährige zu den Stauden, verändert sich das Bild in jedem Jahr. Zum Mildern von so viel Feuer eignet sich die mit ihren hellgrünen Blütenschalen sehr apart wirkende Muschelblume (*Molucella laevis*). Ebenso imponierend zeigt sich die weiße Spinnenblume 'Helen Campbell' (*Cleome spinosa*), die ihren Namen von den langen Staubfäden bekam. Mit bis zu 1,50 m ist sie eine beeindruckende einjährige Pflanze und ziert das Beet bis in den späten Herbst. Die Spinnenblume braucht volle Sonne und einen geschützten, warmen Platz, um sich zu voller Größe zu entwickeln. Sie wirkt am besten in einer Gruppe von drei bis fünf Pflanzen im Hintergrund oder in der Mitte des Beetes. Bei kleinen Beeten genügen auch zwei oder drei als Solitäre.

THEMENGÄRTEN — Leidenschaften im Garten leben

FRISCHES GRÜN IM SCHATTEN

WIE LASSEN SICH SCHATTIGE BEREICHE IM GARTEN ATTRAKTIV BEPFLANZEN? Das ist im pflegeleichten Garten nicht schwierig, da eine große Zahl von Stauden zur Verfügung steht, die sich in unterschiedlich belichtetem Schatten wohlfühlen. Wechselt man Blattschmuckstauden mit Gräsern ab und kombiniert panaschierte Pflanzen dazu, wirkt ein Schattenbeet heiterer und verstärkt die Wirkung des Lichts.

UNTER BÄUMEN
Blühende Pflanzen sind ebenso wie attraktive Blattschmuckstauden im Angebot. Unter Bäumen bieten sich niedrige wurzeltolerante Stauden und Gräser oder niedrige Gehölze an. Efeu wurde als Bodendecker schon beschrieben, Haselwurz (*Asarum*) ist eine ebenso robuste und völlig anspruchslose Pflanze. Mit seinen ledrig glänzenden, nierenförmigen Blättern bedeckt er tiefsten Schatten und hat kein Problem mit Wurzeldruck.

BEVOR DIE BÄUME AUSTREIBEN
Ein Platz unter Laubbäumen oder Laub abwerfenden Hecken wirkt heiterer, wenn man im Herbst Tulpenzwiebeln legt. Da die Bäume noch kein Laub tragen, kommt genügend Licht in diese Schattenpartien. Auch die schon beschriebenen Blausternchen eignen sich hervorragend für Schattenecken.
Maiglöckchen (*Convallaria majalis*) vermehren sich stark, wandern aus und sind unverzichtbar als Frühjahrsblüher; allerdings sind sie giftig. Das Großgefleckte Lungenkraut 'Majeste' (*Pulmonaria saccharata*) lockert mit seinen silbernen Blättern und hellblauen, kleinen Blüten von April bis Mai das dunkle Grün des Haselwurz auf. Auch die Trollblume (*Trollius chinensis* 'Golden Queen') liebt den Schatten und verträgt sogar Trockenheit. Mit ihren leuchtenden gelben Schalen, die von Juni bis Juli erscheinen, kommt Heiterkeit in die Schattenpartie. Ein länglich gewundener Drift sieht im Schattengarten ganz bezaubernd aus.

SCHATTEN MIT HERZ
Funkien (*Hosta*) wirken durch ihre herzförmigen Blätter, daher werden sie auch Herzlilien genannt. Ihre weißen oder lila-blauen Blüten stehen auf langen Stängeln, einige Sorten duften sogar. Einzig der Appetit der Nacktschnecken macht diesen wunderbaren Pflanzen zu schaffen. Im Austrieb und an feucht-heißen Sommertagen muss man um die Pflanze daher Schneckenkorn (Ferramol) werfen. Sind die Blätter größer, kann der Einsatz beendet werden – behalten Sie die Funkie dennoch im Auge. Das ist aber auch die einzige Einschränkung der Funkie. Ansonsten braucht die Staude einen gut gedüngten Gartenboden, ist wüchsig und ziert Beete.

CHRISTROSEN
Ebenso unproblematisch sind Christrosen. Mit ihren ledrigen, dunkelgrün gesägten Blättern lieben sie den Halbschatten, auch ein wenig Kalk und guten Gartenboden. Sie wachsen langsam und können viele Jahrzehnte unverpflanzt stehen bleiben.

(1) Alle Farne mögen Schatten und Feuchtigkeit. Kombiniert mit Haselwurz (unten rechts) und Hosta, ergibt sich ein interessantes Bild.

(2) Christrosen zieren das Schattenbeet über viele Wochen. Sie bedecken den Boden, sind robust und pflegeleicht.

(3) Blickfang im Halbschatten Silberkerzen, hier *Cimifuga simplex* 'Brunette', brauchen Bodenfeuchtigkeit und etwas Kompost. Sie sind langlebig und robust und blühen je nach Sorte von September bis Ende Oktober.

(4) Kaukasischer Blaustern mit dunkleren Mittelstreifen erhellt von Februar bis März den Schatten.

SERVICE

NÜTZLINGE

Katz Biotech AG
An der Birkenpfuhlheide 10
15837 Baruth
Tel.: (03 37 04) 6 75-10
E-Mail: info@katzbiotech.de
www.katzbiotechservices.de

W. Neudorff GmbH KG
An der Mühle 3
31860 Emmerthal
Tel.: (01 80) 5 63 83 67
E-Mail: info@neudorff.de
www.neudorff.de

BÄUME UND STRÄUCHER

Pflanzenhandel Lorenz von Ehren GmbH & Co. KG
Maldfeldstr. 4
21077 Hamburg
Tel.: (0 40) 7 61 08-0
E-Mail: LvE@LvE.de
www.LvE.de

Baumschule H. Hachmann
Brunnenstr. 68
25355 Barmstedt
Tel.: (0 41 23) 20-55
E-Mail: info@hachmann.de
www.hachmann.de

Pflanzmich.de Baumschulen
Burstah 13
25474 Ellerbek
Tel.: (0 41 01) 37 80-0
E-Mail: service@pflanzmich.de
www.pflanzmich.de

Baumschule Horstmann
Bergstr. 5
25582 Hohenaspe
Tel.: (0 48 92) 89 93-400
E-Mail: info@baumschule-horstmann.de
www.baumschule-horstmann.de

Bambus Centrum Deutschland
Wolfgang F. Eberts KG
Saarstr. 3–5
76532 Baden-Baden
Tel.: (0 72 21) 50 74-0
E-Mail: info@bambus.de
www.bambus.de

ROSEN

Kordes Rosen
Rosenstr. 54
25365 Klein Offenseth-Sparrieshoop
Tel.: (0 41 21) 4 87 00
E-Mail: info@kordes-rosen.com
www.kordes-rosen.com

Rosen Tantau
Tornescher Weg 13
25436 Uetersen
Tel.: (0 41 22) 70 84
E-Mail: verkauf@rosen-tantau.com
www.rosen-tantau.com

Noack Rosen
Im Fenne 54
33334 Gütersloh
Tel.: (0 52 41) 2 01 87
E-Mail: info@noack-rosen.de
www.noack-rosen.de
www.rosenhof-schultheis.de

STAUDEN

Kräuter- und Staudengärtnerei Mann
Schönbacherstr. 25
02708 Lawalde
Tel.: (0 35 85) 40 37 38
E-Mail: info@staudenmann.de
www.staudenmann.de

Staudengärtnerei Gräfin von Zeppelin
Weinstr. 2
79295 Sulzburg-Laufen
Tel.: (0 76 34) 6 97 16
E-Mail: info@graefin-von-zeppelin.de
www.graefin-v-zeppelin.com

Staudengärtnerei Gaissmayer
Jungviehweide 3
89257 Illertissen
Tel.: (0 73 03) 72 58
E-Mail: info@staudengaissmayer.de
www.staudengaissmayer.de

ZWIEBELBLUMEN

Albert Treppens & Co Samen GmbH
Berliner Str. 84–88
14169 Berlin-Zehlendorf
Tel.: (0 30) 8 11 33 36
E-Mail: kontakt@treppens.de
www.treppens.de

Zwiebelgarten Reinhold Krämer
Waldstetter Gasse 4
73525 Schwäbisch Gmünd
Tel.: (0 71 71) 92 87 12
E-Mail: kuechengarten.kraemer@t-online.de
www.zwiebelgarten.de

Blumenzwiebelversand Bernd Schober
Stätzlinger Str. 94 a
86165 Augsburg
Tel.: (08 21) 72 98 95 00
E-Mail: bschober@der-blumenzwie-belversand.de
www.der-blumenzwiebelversand.de

KRÄUTER UND DUFTPFLANZEN

Kräuter- und Staudengärtnerei Mann
Schönbacherstr. 25
02708 Lawalde
Tel.: (0 35 85) 40 37 38
E-Mail: info@pflanzenreich.com
www.staudenmann.de

Rühlemann's Kräuter & Duftpflanzen
Auf dem Berg 2
27367 Horstedt
Tel.: (0 42 88) 92 85 58
E-Mail: info@ruehlemanns.de
www.ruehlemanns.de

Raritätengärtnerei Treml
Eckerstr. 32
93471 Arnbruck
Tel.: (0 99 45) 90 51 00
E-Mail: treml@pflanzentreml.de
www.pflanzentreml.de

KÜBELPFLANZEN

Flora Mediterranea
Königsgütler 5
84072 Au/Hallertau
Tel.: (0 87 52) 12 38
E-Mail: info@floramediterranea.de
www.floramediterranea.de

Flora Toskana
Schillerstr. 25
89278 Nersingen / OT Strass
Tel.: (0 73 08) 9 28 33 87
E-Mail: info@flora-toskana.de
www.flora-toskana.com

Versandgärtnerei Gottfried Koitzsch
Arheilger Str. 16
64390 Erzhausen
Tel.: (0 61 50) 61 47

GARTENTEICHE, SEEROSEN UND WASSERPFLANZEN

Oase GmbH
Tecklenburger Str. 161
48477 Hörstel
Tel.: (0180 5) 70 07 55
E-Mail: info@oase-livingwater.com
www.oase-livingwater.com

GARTENGERÄTE

Fiskars Germany GmbH
Oststr. 23
32051 Herford
Tel.: (0 52 21) 93 50
E-Mail: info.garten@fiskars.com
www.fiskars.de

Master Gartenhandgeräte und Zubehör GmbH
Kreuzstr. 15
52445 Titz-Hasselsweiler
Tel.: (0 24 63) 9 96 63-96
E-Mail: inof@master-garten.com
www.master-garten.com

REGISTER

Fette Seitenzahlen verweisen auf Abbildungen.

Agastache 115
Ahorn, Fächer- 14
Akanthus, Ungarischer 60, **60**
Akebie 70
Akelei 61, **61,** 115
Alter, gärtnern 99
Amelanchier lamarckii 78, **78**
Anemone hupehensis 60, **60**
Aquilegia spec. 61, **61**
Aruncus dioicus 61, **61**
Assel 47
Aster 61, **61,** 115
Astilbe 44
Azalee 23, 78, **78,** 104

Bambus 14, **105**
Bambus 'Asian Wonder' 14
Bauern-Jasmin 81, **81**
Beet, blau 115
Beet, einfaches 103
Beet, Kies 112, **113**
Beet, Rot-Gelbes 116, **117**
Beetpflege 99
Beetrose **88,** 89 ff.
Beleuchtung 104
Berberitze, Blut- 16, **16**
Bergenie 25, 62, **62,** 100, **102,** 103, 116
Berufstätig 23
Bewässerungssystem 23, 44, **106,** 107
Blasenstrauch, Hoher 79, **79**
Blattlaus 46
Blaukissen 85, 115
Blau-Schwingel 10, 13, 26, 85, 89, 93, **93,** 115
Blaustern 14, 25, 32, 66, **67,** 103, 120, **121**
Blumen-Hartriegel, Chinesischer 79, **79**
Blut-Berberitze 16, **16**
Boden 37 ff., **39**
Bodendecker 120

Bodenpflege 41
Braut-Spiere 82, **82**
Bronze-Fenchel 64, **64**
Buchs 10, **11,** 16, 23, **24,** 25, 103

Calamagrostis x acutiflora 'Karl Foerster' 92, **92**
Chinaschilf 94, **94,** 103, **118**
Christrose 65, **65,** 104, 120, **121**
Chrysantheme 119
Cimicifuga 62, **62**
Clematis 70
Clematis, Stauden- 63, **63,** 115
Cornus kousa var. *chinensis* 79, **79**
Cosmos atrosanguineus 56, **56**

Dachwurz 20, 26
Dickmaulrüssler 46, **48**
Diptam 63, **63**
Dreimasterblume 69, **69, 98,** 115
Dryopteris filix-mas 'Cristata' 95, **95**
Duft 32
Duftnessel, Anis- **110,** 111, 115
Duft-Wicke 26 f., **26,** 70

Echinacea **30,** 31
Echinops spec. 63, **63,** 103
Edelrose 89
Efeu 70, 72, 104
Ehrenpreis 119
Eibe 10, 14, 23, 25, 82, **82,** 100
Eibe, Säulen- 14
Eibisch, Garten- 80, **80,** 100
Einjährige Pflanzen 26, **27,** 119
Eisenhut 115
Entspannung 23
Euonymus europaeus 79, **79**
Euphorbia polychroma 116, **117**

Fadenwurm 46
Farn 92, **105,** 120, **121**
Farn, Glanz-Schild 95, **95**
Farn, Tüpfel- 95, **95**
Federborstengras 94, **94**
Felsenbirne, Kupfer- 78, **78**
Fetthenne 26, 68, **68, 101,** 119

Fingerhut, Roter 56, **56**
Flächen 13, **13**
Flieder, Perlen- 83, **83**
Florfliege 47, **48**
Foeniculum vulgare 'Rubrum' 64, **64**
Formschnitt **24,** 25
Frauenmantel 25, 60, **60**
Fugenkratzer 51
Funkie 10, 25, 44, 66, **66,** 103, 120, **121**

Gärten, Kleine 10
Garten, Materialien 10, **11**
Gärten, moderne
Gärten, romantische 10, 32
Gartenmöbel 105
Garten-Reitgras 92, **92**
Gartenschere **50,** 51
Gehölze 16, 78 ff., **78 ff.**
Geißblatt 32, 70
Geranium 64, **64**
Gießen 44 f., **106,** 112
Glockenrebe 70, 72
Gräser 92 ff., **92 ff.,** 100, 111, 103, **113,** 119
Grundstück, neu 9

Hacke 44, **50,** 51
Hainsimse, Weiße 93, **93**
Hamamelis x *intermedia* 80, **80**
Handschaufel **50,** 51
Hanglage 13
Hartriegel 14, 100
Haselwurz 120, **121**
Haus, Materialien 10, **11**
Hecken 14, **15**
Heckenschere **50,** 51
Heiligenkraut 26, 59
Helenium 64, **64,** 111
Hemerocallis **30,** 31, 65, **65,** 116, **117**
Herbst-Anemone 60, **60**
Herbst-Aster 61, **61,** 100, **101,** 115
Herzlilie 10, 25, 44, 66, **66,** 103, 120
Hilfsmittel **106,** 107
Holunder, Schwarzer 82, **82**
Hopfen 70

Hortensie **74**, 75 f., **77**, 104, **105**
Hortensie, Ball- 76, **77**
Hortensie, Rispen- 76, **77**
Hortensie, Samt- 76, **77**
Hortensie, Teller- 76, **77**
Hosta 10, 25, 44, **45**, 66, **66**, 103, 120, **121**
Hummel 47
Hyazinthe 86, **87**

Iberis sempervirens 66, **66**
Igel 47
Ilex aquifolium 'Alaska' 80, **80**
Immergrüne 10, **11**, 14, **15**, 55, 70, 72, 25, **104**
Iris 115

Japan-Goldbandgras 119, **120**
Japanisches Gold-Berggras 104, **105**
Jasminum nudiflorum 70, **71**, 72
Jauche 46

Kapuzinerkresse 26, 70
Katzenminze 10, 67, **67**, 89, **114**, 115
Kiesbeet **112**, 113
Kinderpflanzen 21
Kletter-Hortensie 70, 72, 75 f., **77**
Kletterpflanzen 70 ff., **71**, 73
Kletterrose 25, 32, 70, **71**, 90
Knäuel-Glockenblume 62, **62**
Kniebänken **106**, 107
Knöterich 70
Kokardenblume 57, **57**
Kolkwitzie 81, **81**
Kompost **40**, 41 f.
Kompost, Thermo- **40**, 41 f.
Krokus 23, **84**, 86
Krötenlilie 69, **69**, **102**, 103
Kugeldistel 63, **63**, 103, 115

Lavendel 10, 26, 59, 67, **67**, **114**, 115
Lebensbaum 25, **98**
Liguster 10, 14, 16, 25
Lilien **24**, 25, 103
Lilienhähnchen 46, **49**

Magnolie, Tulpen- 81, **81**
Maiglöckchen 120
Margerite 25
Marienkäfer 47, **48**
Materialwahl 10
Mauern 13
Mauerpfeffer 13, 20
Miscanthus sinensis 'Graziella' 94, **94**, 118
Miscanthus sinensis 'Strictus' 94, **94**, 119
Miscanthus sinensis 'Zebrinus' **117**
Miscanthus x *giganteus* 16, 93, **93**
Moorbeet 104

Nachbarn 16
Nachtviole 65, **65**
Nacktschnecke 46
Narzisse 86, **87**
Nematode 46
Neuanlage, Garten 23
Nützlinge 42, 46 f., **48**

Obstbäume **24**, 25

Paeonia spec. 68, **68**
Palmlilie 26, 59, 69, **69**, 112
Pampasgras 26
Parthenocissus tricuspidata 'Veitchii' 70, **71**, 72
Perlgras 26, 111
Pfaffenhütchen, Gewöhnliches 79, **79**
Pfeifenwinde, Großblättrige **70**, 72
Pfingstrose 68, **68**
Pflanzen, Einjährige 26, **27**
Pflanzen, pflegeleicht 9, 56 ff.
Pflanzen, Präriebeet 111
Pflanzen, Überblick 55
Pflanzengefäße 26, **27**
Pflanzenporträts 52 ff., **52 ff.**
Phlox paniculata 68, **68**
Phlox stolonifera 115
Phlox subulata 115
Phlox, Kriecheder 115
Phlox, Polster- **114**, 115
Planung 7ff., **7 ff.**, 13

REGISTER

Plattährengras 92, **92**
Prachtspiere 44
Präriebeet **110,** 111
Prunkwinde 70, 72

Ramblerrose 32, 89
Ramblerrose 'Bobbie James' 32, 72, **73**
Rankhilfe **25**
Rasen, Ersatz 104, **105**
Regentonne 44, **45**
Regenwurm 47
Reitgras 26, 92
Rhododendron **22,** 23, 82, **82,** 104
Rhododendron-Hybriden 82, **82**
Riesen-Chinaschilf 10, 16, 93, **93**
Riesen-Federgras 10
Riesen-Lauch 86
Rindenmulch 44, **45**
Romantik, Garten 10, 32, **33**
Rose 'La Parisienne' 90, **91**
Rose 'Timeless' 90, **91**
Rosen **88,** 89 f.
Rosenpflege 90
Rückschnitt 99

Salbei, Muskateller- 57, **57**
Salbei, Steppen- 115
Sandkiste **20,** 21
Säulen-Eibe 14
Schädlinge 46 ff., **48 f.**
Schafgarbe 119
Schattenbepflanzung 120, **121**
Scheinscilla 86
Scheinzypresse 14
Schirmbambus 'Simba' 10, 14
Schleifenblume 66, **66,** 85
Schling-Knöterich **71,** 72
Schmuckkörbchen 26
Schneeball, Wolliger 83, **83**
Schneeglöckchen 14, 23, 86, **87**
Schnirkelschnecke **8**
Schokoladenblume 56, **56**
Schönranke 70
Schubkarre, leichte 107
Schwarzäugige Susanne 70
Schwebfliege 47, **48**

Schwertlilie 26, 66, **66**
Scilla 14, 23, 32, 86, **87,** 103, 120
Segge 103
Segge, Breitblatt 92, **92**
Sichtschutz 14 ff.
Silberkerze 62, **62**
Sitzplatz 13
Sommer, pflegeleicht 103
Sommeraster **114,** 115
Sommerblumen **26,** 56 f.
Sonnenbraut 16, 64, **64,** 111, 116
Sonnenhut **30,** 31, 112, 116
Spaten **50,** 51
Spinnenblume 56, **56**
Spiraea arguta 82, **82**
Stachelschweingras 94, **94**
Standortansprüche 23
Stauden **58,** 59 f., 99, 100, 111
Stauden, Pflege 59
Stauden, Porträts 60 ff., **60 ff.**
Stauden-Phlox 68, **68**
Stechpalme Alaska 80, **80**
Steinkraut 116
Sterndolde 44, 89
Storchschnabel 64, **64,** 89, 103
Storchschnabel, Pracht- 115
Strauch-Eibisch 23
Strauchrose 89 f.

Taglilie **30,** 31, 65, **65,** 116, **117**
Taglilie 'Tigerling' 116, **117**
Taxus 10, 14, 23, 25
Taxus baccata 14, 82, **82**
Teich 28, 29
Teich, Alternativen 104
Teich, Mini- **28,** 29
Thermokomposter **40,** 41
Thuja 10, 14, **98**
Thymian 13, 26
Topfgarten 24, **25,** 100
Traubenhyazinthe 32, **33,** 86, **87**
Treppen 13
Trichtermalve 57, **57**
Trockenkünstler 26, **27**
Trollblume 120
Tulpen 26, **84,** 85 f., 103, 120

Unkrautstecher **50,** 51

Vanilleblume 25
Viburnum lantana 83, **83**
Vlies 112

Wald-Geißbart 61, **61**
Waldrebe, Berg- 70, **71,** 72
Wasserbedarf 44
Wasserdost 16
Wassergarten **28,** 29
Wege 13, **13**
Werkzeug **50,** 51, **106,** 107
Wilder Wein 70, **71,** 72
Wild-Tulpen 26, **84,** 85
Winterfütterung 26, 111
Winter-Jasmin 70, **71,** 72
Winterling 14, 86, **87**
Wolfsmilch, Gold- 116, **117**
Woll-Ziest 13, 59, 89
Wühlmaus 46
Wurmfarn 95, **95**

Yucca 26

Zaubernuss 80, **80**
Zaun 26, **27**
Zierquitte, Japanische 78, **78**
Zinnie 25, 26
Zisterne 44
Zwergrose 89
Zwiebelblumen **84,** 85, 111
Zwiebelblumen, Blüte **84**
Zwiebelblumen, Pflege 85
Zwiebelblumen, Überblick 86, **87**

IMPRESSUM

Mit 196 Farbfotos von:
Heiko Bellmann: S.95 mi, 95 re; Elke Borkowski, Herten: S. 33 o, 121 oli; Botanikfoto/Steffen Hauser: S. 56 li, 57 mi, 62 mi, 66 mi, 93 li; Flora Press, Hamburg/Visions: S. 17 uli, 24 uli, 102 oli, 121 ure; Flora Press/Robert Mabic: 20 re; Flora Press/Nicola Stocken Tomkins: 27 u, 45 uli, 74; Flora Press/Bildagentur Beck: 45 o; Flora Press Press/Thomas Lohrer: 48 oli, 48 ore; Flora Press/Derek Harris: 50 mi; Flora Press/Botanical Images: 57 li; Flora Press/Rita Coates: 82 re; Flora Press/Edition Phönix: 84 o; Flora Press/FocusOnGarden/Ursel Borstell: 88; Flora Press/Martin Hughes-Jones: 93 mi; Flora Press/Carol Casselden: 94 re; Flora Press/Derek St Romaine: 95 li; Flora Press/FocusOnGarden/Luckner: 105 u; Flora Press/gartenfoto.at: 112 alle drei; Flora Press/John Martin: 114 oli; Flora Press/Steffen Hauser: 114 mire; Flora Press/Liz Eddison: 114 u; Flora Press/Arnaud Descat: 118 o; GAP Gardens/Maddie Thornhill: S. 102 uli; GAP Gardens/Lynn Keddie: 102 re; GAP Gardens/Lee Avison: 105 o; GAP Gardens/Richard Bloom: 121 ore; GAP Gardens/Jerry Pavia: 121 uli; Gartenfoto/Daniel Böswirth, Wien: S. 15 o; Gartenschatz GmbH, Stuttgart: S. 56 re, 57 re, 60 mi, 60 re, 61 mi, 62 li, 63 alle drei, 64 mi, 64 re, 65 li, 66 li, 66 re, 67 alle drei, 68 alle drei, 69 re, 71 Nr. 3, 71 Nr. 4, 71 Nr. 5, 77 Nr. 1, 77 Nr. 3, 78 mi, 78 re, 79 mi, 79 re, 80 mi, 80 re, 81 alle drei, 82 li, 83 alle drei, 92 li, 92 mi; Ingrid Gorr, Berlin: S. 2/3, 4 alle drei, 5 alle drei, 6/7, 8 alle drei, 11 ure, 12 alle drei, 18/19, 24 oli, 30 alle fünf, 34/35, 40, 43 alle drei, 45 ure, 48 Nr. 3, 48 Nr. 4, 49, 50 oli, 50 uli, 50 o, 50 re, 52/53, 54, 56 mi, 58, 60 li, 61 li, 61 re, 62 re, 64 li, 65 mi, 65 re, 69 li, 69 mi, 71 Nr. 1, 71 Nr. 2, 73, 77 Nr. 2, 77 Nr. 4, 77 Nr. 5, 77 Nr. 6, 78 li, 84 mi, 87 alle 6, 91 alle drei, 92 mi, 93 re, 94 li, 94 mi, 96/97, 98 li, 100 alle drei, 106 alle drei, 108/109, 110 alle drei, 114 ore, 117 alle vier, 118 u, 121 uli, 123, 125; Mauritius Images/Alamy: S. 22; Nils Reinhard, Heiligkreuzsteinach-Eiterbach: S. 28 u beide; Shutterstock/romakoma: S. 11 o; Shutterstock/Joy Brown: 11 mi; Shutterstock/ppa: 11 uli; Shutterstock/Vitalinka: 20 li; Shutterstock/alexkatkov: 28 o; Shutterstock/Chrislofotos: 40 o; Shutterstock/Bildagentur Zoonar GmbH: 80 li; Shutterstock/Imcsike: 82 mi; Shutterstock/Sarycheva Olesia: 98 re; Roland Spohn, Engen: S. 79 li; Friedrich Strauß, Au-Hallertau: S. 17 ure, 27 o; Annette Timmermann, Kalübbe: S. 15 mi, 15 u, 17 o, 24 re, 33 u, 39 alle drei; Jürgen Weisheitinger, Lörrach: S. 36;

Mit 1 Illustration von Kathi Sauerbier, Altensteig-Wart: S. 84 u

Umschlaggestaltung von Gramisci Editorialdesign, München unter Verwendung eines Farbfotos von Gap Gardens/Pernilla Bergdahl (Umschlagvorderseite) und vier Farbfotos (Umschlagrückseite) von Flora Press/Richard Bloom (links), Flora Press/Royal Horticultural Society (Mitte links), Flora Press/gartenfoto.at (Mitte rechts), Flora Press/Christine Ann Föll (rechts).

Mit 196 Farbfotos und 1 Farbzeichnung.

> Alle Angaben in diesem Buch sind sorgfältig geprüft und geben den neuesten Wissensstand bei der Veröffentlichung wieder. Da sich das Wissen aber laufend in rascher Folge weiterentwickelt und vergrößert, muss jeder Anwender prüfen, ob die Angaben nicht durch neuere Erkenntnisse überholt sind. Dazu muss er zum Beispiel Beipackzettel zu Dünge-, Pflanzenschutz- bzw. Pflanzenpflegemitteln lesen und genau befolgen sowie Gebrauchsanweisungen und Gesetze beachten. Die Blütenfarben sind sortenabhängig, daher können auch Farben auf dem Markt sein, die im Buch nicht genannt werden. Die Blütezeiten sind ebenfalls sortenabhängig, aber auch klima- und standortabhängig. Die angegebenen Wuchshöhen und -breiten der Pflanzen sind Mittelwerte. Sie können je nach Nährstoffgehalt des Bodens variieren. Verschiedene Sorten können deutlich größer oder auch kleiner wachsen als die Art.

Unser gesamtes Programm finden Sie unter kosmos.de.
Über Neuigkeiten informieren Sie regelmäßig unsere Newsletter, einfach anmelden unter kosmos.de/newsletter

Gedruckt auf chlorfrei gebleichtem Papier

© 2015, Franckh-Kosmos Verlags-GmbH & Co. KG, Stuttgart.
Alle Rechte vorbehalten
ISBN 978-3-440-14577-7
Projektleitung: Birgit Grimm
Redaktion: Birgit Grimm
Gestaltungskonzept: Gramisci Editorialdesign, München
Gestaltung und Satz: Atelier Reichert, Stuttgart
Produktion: Jürgen Bischoff
Printed in Slovakia / Imprimé en Slovaquie

VIELFALT ERNTEN

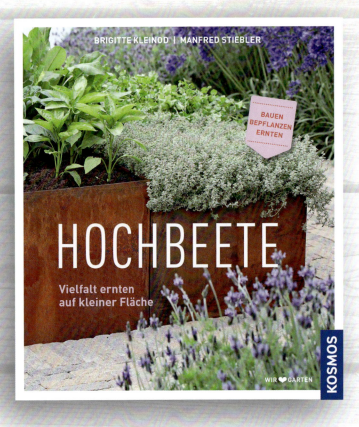

Brigitte Kleinod • Manfred Stiebler
Hochbeete
128 Seiten, 193 Abb., €/D 14,99

Alles, was Sie über die Anlage und Bepflanzung von Hochbeeten wissen müssen: Von der Auswahl und dem Bau des Hochbeetes über die richtige Pflanzenwahl für jeden Standort bis hin zur Pflege und jahreszeitlichen Nutzung. Für eine reiche und unkomplizierte Ernte!

kosmos.de